トヨタ生産方式の
異業種展開の実践

挑戦・理念・手法・実際

熊澤光正 著

大学教育出版

はじめに

　昭和53（1978）年に、大野耐一の『トヨタ生産方式』が刊行されと、多くの反響を呼んだ。しかし、トヨタ生産方式はトヨタに限りその社風により可能であり、他社では導入できないと考えられてきた。しかし、その後、理解が図られるとともに導入しようとする企業も現れてきた。しかし、少数例を除いて、外形的に「かんばん」を導入するなどで終わり、多くは失敗に終わった。

　無論、トヨタ生産方式の最大の目的は、徹底したムダの排除であり、その柱は、ジャスト・イン・タイムと自働化である。

　しかし、オイルショック、バブル経済、バブル崩壊、リーマンショックをはじめ経済状況は大きく変化を遂げてきた。

　紆余曲折は経たものの、トヨタは好業績をあげ、平成26（2014）年の中間決済においては、年間利益は2兆円を超えるといわれている。

　トヨタ生産方式は、多くのコンサルタントたちや、トヨタOBにより異業種への展開が図られた。NPS（New Production System）方式も、その一つである。昭和56年に発足した株式会社MIPのNPS研究会が普及を図っている生産方式である。NPSは1業種1社からなる。

　NPSは、トヨタ生産方式の創始者である故大野耐一氏を最高顧問とし、トヨタ自動車におけるトヨタ生産方式推進者をはじめとする、トヨタ関連企業出身者十数名が、実践研究員として活動を始めた。長らくその活動は公表されなかったが、WILLで昭和60年9月に一部が紹介され、その後、『週間東洋経済』およびその発行物、あるいは『工場管理』で紹介されたが、NPSにおける生産システム設計法そのものについて考察されたものは現在ない。

　筆者が当時、所属した名古屋工業大学はトヨタとの関連も深く、特に研究室の熊谷知徳教授は、日本経営工学会中部支部長を大野耐一が務め、副支部長として公式に関連があったのみではなく、個人的にも昵懇の間柄であった。

その関連からNPSの体系化のために研究を公表することを、大野氏、鈴村氏から依頼された。NPSの巡回研究会を始め、各種研究会に寝食を共に招かれ、名古屋工業大学の熊谷教授と共に筆者が実際にNPSの2年間にわたり、調査、分析を行った。ようやく、鈴村氏の依頼により書籍としてまとめる約束が、果たされたものである。

　NPSは、その後会員会社の変遷、時代への適応のために多くの手法を編み出したが、最大の成果は異業種においても、トヨタ生産方式が利用できること証明したことである。

　本書は、各種生産方式の特色を検討し、NPSの創成期に熊谷智徳教授と共に参加し、生産システム上の特色、具体的手法、効果について観察・考察したものをまとめたものである。

　最後にNPSは、現在でも活動を続け多くの効果を挙げているが、本書はあくまでも鈴村氏らと共に活動した時期のNPSの姿の研究をまとめたもので、現在のNPSとは、関連していないことを注記しておく。

　2015年3月

熊澤光正

トヨタ生産方式の異業種展開の実践
―― 挑戦・理念・手法・実際 ――

目　次

はじめに …………………………………………………………………… i

第1章 緒　論 ……………………………………………………… 1

第2章 生産システムの在り方 ………………………………… 3

2.1　生産管理の目的　3

2.2　現在の市場と生産システム　3

2.3　生産システムが内包する相反問題　5

2.4　生産システムの在り方　6

第3章 代表的生産システムの比較 ………………………… 7

3.1　序　言　7

3.2　大量生産　7

3.3　MRP（Material Requirements Planning）　8

3.4　ロット見込みタイプ多種少量生産　11

3.5　FMS（Flexible Manufacturing System）　12

3.6　トヨタ生産方式　12

3.7　代表的生産システムの比較表　17

3.8　トヨタ生産方式とFMS　18

3.9　トヨタ生産方式とMRP　18

第4章 NPSの概要 ……………………………………………… 20

4.1　NPS発足時の組織　20

4.2　NPSの基本的思想　20

4.2.1　物の造り方と原価　22

4.2.2　ムダの認識　22

　　　　4.2.3　能率と企業の効果　*23*

4.3　NPSの実践理論　*23*

　　　　4.3.1　NPSの2本の柱　*24*

　　　　4.3.2　かんばん　*24*

　　　　4.3.3　物の流し方と在庫　*25*

　　　　4.3.4　企業全体のシステム　*25*

4.4　生産連結度のレベルに対する概念　*25*

4.5　NPSのグループ活動　*27*

　　　　4.5.1　巡回研究会　*27*

　　　　4.5.2　トレーナー教育　*27*

　　　　4.5.3　NPS共同輸送計画　*27*

第5章　NPS生産システムの基本 ……………………………………*28*

5.1　NPS生産システムの構造　*28*

5.2　かんばん方式　*29*

　　　　5.2.1　導入に際して　*29*

　　　　5.2.2　生産計画　*29*

　　　　5.2.3　平準化生産　*30*

　　　　5.2.4　自働化　*30*

　　　　5.2.5　段取り替え　*33*

　　　　5.2.6　標準作業　*35*

　　　　5.2.7　かんばんの使用方法　*36*

5.3　少人化　*36*

5.4　運　搬　*38*

5.5　生産リードタイムの短縮　*40*

第6章　NPSの生産システム ……………………………………………*43*

6.1　序　言　*43*

6.2　作業に関して　*43*

6.2.1 作業設計の原則　44

6.2.2 作業者の持ち作業量の決定方式　44

6.2.3 作業域の設定　45

6.2.4 多工程持ち作業のフレキシビリティ　46

6.2.5 標準作業と改善　47

6.3 工程管理に関して — 工程のソフトウェア的連結 —　49

6.3.1 順序管理 — 連番 —　49

6.3.2 総量規制・進度管理　51

6.3.3 セット引き取りについて　53

6.4 設備およびレイアウトに関して — 工程のハードウェア的連結 —　53

6.4.1 設備の設計法　53

6.4.2 レイアウトに関して　54

6.4.3 一列ライン化　56

6.5 生産リードタイムの短縮対策　57

6.6 結　言　57

6.7 章末資料　60

第7章　事例研究 — NPS導入企業における効果 …………………61

7.1 序　言　61

7.2 H社の場合　61

7.3 Y社の場合　64

7.4 W社の場合　66

7.5 I社の場合　67

7.6 生産システムの実例　69

7.7 他業種への展開　72

7.8 NPSを導入した場合の典型的推移　72

7.9 結　言　75

第8章 実際の写真例 ……………………………………………79

8.1 トヨタ生産方式全般　79

8.2 Z社の場合　86

8.3 H社の場合　89

8.4 K社の場合　90

8.5 C社の場合　94

第9章 結　論 ………………………………………………… 100

おわりに ………………………………………………… 102

参考文献 ………………………………………………… 104

索　引 ………………………………………………… 105

第1章

緒　論

　経営成果は経営資本利益率で測られ、それは売上高利益率と資本回転率の積からなる。前者と後者は等価であり、後者は現在売れた製品は、いつごろかけたコストであったかを重視することである。

　商業の世界では当然であるこの原理は、生産現場においては忘れられてきた。そこにあっては、原価減低だけが重要視され、生産の流動化は犠牲にされてきた。この原因は、生産システムの構造変化、会計制度と市場要因にあると言える。前者は全体の整合性に無関係に進歩した機械設備であり、後者は少種大量生産を可能性にしたことである。単品種の大量生産では原価低減と生産流動化は一致する関係にある。この典型はフォードシステムである。

　しかし、その後の消費者の製品の多様化要求によって、GMのスローンにより多種大量生産が始まった。

　わが国おいては、戦後、トヨタ等は2000台程度の少量での、トラックから乗用車までの多品種生産で、欧米への対抗に迫られた。

　生産システムを共用して行うと、複数製品の品種切替時間を存在から、原価低減（特に加工費）と生産流動化は相反関係に陥る。ここにあって、多くは生産流動化を軽視あるいは無視した。この2者を調和的に実現したものがトヨタ生産方式である。

　トヨタ生産方式は、徹底したムダの排除を第一に、ジャスト・イン・タイムと自働化をメインとしている。ジャスト・イン・タイムが経営資本回転率、自働化が原価低減につながる。

　トヨタ生産方式は、山田日登志氏、関根憲一氏らのコンサルタントのメンバー、トヨタOBが、各企業に展開を図り成果を収めている。一方失敗に終わった例も多い。

本書は、この大野耐一氏の考案したトヨタ生産方式を、異業種展開させた鈴村喜久男氏らの、NPS研究会の創成期について考察したものである。

　本書では、生産システムのあり方、代表的生産システムの比較をした後、トヨタ生産方式について検討した。異業種展開の中で、参加各企業の効果は目ざましく、著しい業績向上が見られた創成期のNPSの概要、NPSの生産システムの基本、生産システムについて検討した。その後、異業種における実践例ついて報告・研究・検討する。

第2章
生産システムの在り方

2.1 生産管理の目的

生産管理は一連の経営活動の中で生産活動および調達（生産準備）活動の計画と統制を行う機能である。したがって生産管理の目的は、社会や市場が要求する品質の製品を、要求される時期に必要量をタイミングよく、かつ経済的に生産することにある。この目的を達成するため生産管理は次の3つの機能を果たさねばならない。

(1) 社会や市場の要求に合致する製品、品質を計画し客に対してこれを保証する機能（品質管理）。

(2) 市場の需要を予測し、または客の要求に基づいて必要な先行期間（リードタイム）を考慮し、要求期日までに必要なものをタイミングよく生産し出荷する機能（生産量管理または納期管理）。

(3) 製品、品質の計画から保証、要求時期に必要量の出荷をする諸活動を、期待できる利益があがるような原価に収める機能（原価管理）。

2.2 現在の市場と生産システム

企業活動は社会との調和をはかりながら利益を追求し、企業として永続的に繁栄していくために行うものである。そこで、現在の企業をとりまく環境を正しく見つめる必要がある。かつての高度成長時代は、造れば売れる時代であったと言える。原価低減は量との関係において比較的容易であり、販売価格は原価に適正利潤を加えて決定する原価主儀の理論が通用した。しかし現在は違う。供給力が需要を上回り、市場は成熟してユーザーの好みも多

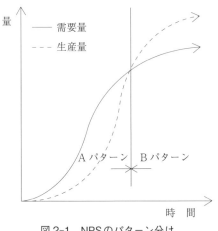

図 2-1 NPSのパターン分け

様化し、また一般の経済情勢によってもユーザーの購買意欲は極めて流動的であり、いつも販売数が一定であるとは限らない。さらに、わが国の経済成長を支えた輸出においても貿易摩擦が問題になり、販売面における将来は決して明るいものではない。販売価格も市場の実勢、すなわち相場で決まるものとなっている。企業はこうした市場に合わせた供給を行う必要がある。

　つまり多様化するユーザーの好みに合わせながら利益が上がる生産システムを作ることである。そのためには多品種少量生産を行いながら原価低減をはかり、市場に対してタイムリーに物を造ることができなければならない。このような変化に対応できる市場優先型の生産システムを作ることが現在必要であり、それが企業の体質を強くすることにもつながるはずである。

　NPSにおいては、生産環境をAパターン、Bパターンの時代として分けて評価する。Aパターンとは、需要が供給を上回っている生産環境を示し、この間は大量生産が有力であって、売値＝原価＋利益によって決定される時代であると規定する。Bパターンとは、供給が需要を上回り、利益＝売価－原価の構造が成り立つ。すでに、米は昭和32年ごろ、繊維は40年ごろ、ベアリングは50年ごろがそうであり、現在は消費が好調であるが、すでに一部家電等・メモリ・自動車等は、この状況にある。その中で企業が利益を上げていくためには、量産品においては不良在庫を持たないこと、非量産品にあっては短納期化によって製品付加価値を増大することが最大の目標である。

2.3 生産システムが内包する相反問題

　生産システムは工程系、作業系、管理系の3つからなる（図2-2）。この3要素構造には特性が互いに拮抗する問題がある。加工費を安くしようとすれば、まとめ生産が有利であるからジャスト・イン・タイムが悪くなる。品側の流れだけよくしようとすると、作業効率が悪くなってコスト高をもたらす。品側のジャスト・イン・タイムと作業効率を両立させようとすると管理が困難になり、できても管理費高となる。工程のジャスト・イン・タイムと作業と管理の3者間に本来存在するこの相反問題を、どのように解決して生産システムとしてつくり上げていくかはシステム設計の基本課題である。

　その解としては、問題の多いままの妥協形、問題を少なくした調和形さらには相互矛盾があるゆえに、問題の解決を機として互いの要素レベルを革新的に良くし、その合成を進歩させるなどの解決の仕方がある。

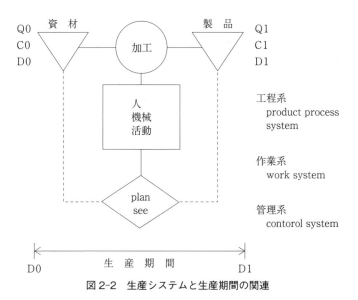

図2-2　生産システムと生産期間の関連

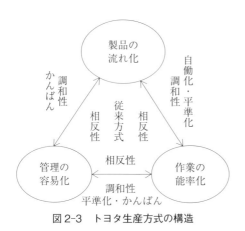

図2-3 トヨタ生産方式の構造

トヨタ生産方式は、図2-3に示すこの最高レベルに取り組んだものと言える。もちろん最高レベルであるからには、最も困難であることは言うまでもない。いずれにしても、この3要素のうち1つにでも欠点を持つものは優れた生産システムとは言い難いのである。

2.4 生産システムの在り方

現在の市場の状況、さらに急速に進むに技術革新などにより、今後の生産システムの在り方というものが思考できる。それは、もちろん生産管理の目的を達成するものでなければならないし、生産システムにある3要素構造を高いレベルで解決できるものでなければならない。それには、あらゆるムダを徹底的に排除するという内部努力が必要とされる。生産現場においてはもちろんのこと、企業としてのトータルな面においてもそうである。特に生産計画に絡む情報面に関して要求される。すなわち、管理－現場－経営の三位一体となっての高効率化が必要なのである。それが原価を低減し、在庫を減少させ、リードタイムを短縮することにつながり、フレキシビリティを向上させるのである。今後の生産システムは、フレキシビリティすなわち市場への対応性がどの程度まで高められているかがテーマとなるのではないだろうか。なぜなら企業はいかなる状況でも利益を確保しなければならないからである。

第3章

代表的生産システムの比較

3.1 序　言

　現在までにいくつかの生産システムが成立してきた。それぞれ独自の理論を持ち、生産活動を円滑にすることや、原価を低減することなどに主眼をおいてそれぞれ優れた面を持つ。しかし、今後の最大のテーマは市場への対応性であり、これがそのシステムの存在価値（導入価値）を決定するのではないだろうか。

　この章ではNPSの特徴を明確にするために、5つの代表的生産システムについて述べる。

3.2　大量生産

　大量生産とは、大ロットで大量生産を行うことにより原価低減を図るシステムである。ラインには大型高性能設備を配して自動化を進め、製造原価は段取り替え負担の減少により、ロットサイズが大きいほど低下する。見込み計画による初期指示が中心であり、総量規制の役割も持つ。このシステムはかつての高度成長期において極めて有効なものであったが、現在の市場に対しては欠点が目立つ。第1に大量生産の結果、売れ残る可能性が高く、その場合図3-2のようになる。

　第2に製品種類の増加に従って効率が悪化することで、これでは現在の市場と逆行している。特に物流効率悪化は在庫の肥大化を招き、危険ですらある。その他にも設備投資の巨額化、工程間や不良防止に対する管理不足など現在においては、このシステムをそのまま用いるのは無理であろう。

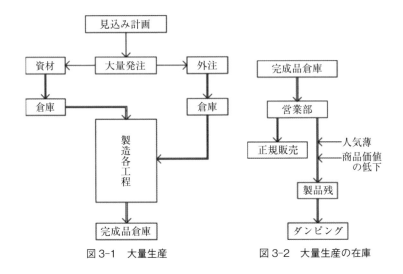

図 3-1　大量生産　　　　図 3-2　大量生産の在庫

3.3　MRP（Material Requirements Planning）

　MRPとは多種生産に対して、コンピュータによるスケジューリングの改善で対応するというシステムである。これは多品種化によって生じる欠品の督促というインフォーマルな行動を共通部品の管理により、排除するというもので、以下の理論の下に成立している。

　生産活動に関しては常に能率向上や生産性向上などに関心を持つが、多くは加工方法の改善により実現しようとする。しかしスケジューリングを改善するほうがずっと効果がある。生産・在庫管理方式を改善する目的は単に在庫を減らしたり、市場へのサービス率を高めることではない。スケジューリングを改善することにより、企業全体に影響を与え、その結果、生産性と利益性とを向上させることにあるのである。

　次に、その計画手順を示しMRPの構造を明らかにする。なお、MRPはデータの正確さと全員参加を条件としている。

　MRPにはタイムフォイズという重要基本技法がある。これは時間の流れ

を小区間に区切ることで、これによりタイム・バケットが成り立つ。タイム・バケットは時間区の単位で、MRPの管理の単位となるものである。

プロダクション・プラン：

　生産計画のことであるが生産のレベル化まで考えたものである。

マスタースケジュール：

　製造計画のことであるが製造予測と理解してよい。プロダクション・プランをモジュールに変更するものである。

MRP：

　資材所要量計画である。マスタースケジュールと部品構成表から共通の第1レベルの部品総所要量を求め、在庫を勘案して、計画オーダーのリリース量を決定する。下位レベルは従属して決定していく。

能力所要量計画：

　計画オーダーとオープン（発注済）オーダーを将来の負荷量としてとらえ、現場に能力変更のための時間を与えるようにすること。

インプット／アウトプットコントロール：

　ワークセンターに入り出てくる仕事の流れを計るためのもので、能力所要量計画に基づいて作成されるインプット／アウトプットポートにより能力コントロールを行う。リードタイムはこれによってコントロールされる。

差立表：

　着手順序を管理するプランイオリティコントロールは差立表に基づいて行うのは、差立計画を現場に流すためのものである。

4つの機能：

　Ⅰ　プライオリティ計画（発注点を決定すること）。

　Ⅱ　能力計画（各生産システムの生産能力を計画すること）。

　Ⅲ　能力コントロール（各部門の能力をコントロールすること）。

　Ⅳ　プランオリティコントロール（プランオリティ計画を基に優先順位とリードタイムから計算する）。

MRPはスケジューリングを重視して、そこにコンピュータを導入活用するものであるが、スケジューリング重視による問題もある。第1に加工方法、すなわち現場の改善を無視していること。第2にスケジューリングは必ず「適正」なる安全在庫を出すこと。第3にリードタイムはコンピュータの能力に関係するので、それ以上大幅に短縮ができないことである。MRPは欠品や混乱など生産における不自然要素を無くす効果は大きいが、自然に生産を行う場合その効果は大きいとは言えない。やはり現場を考え、現場そのものからムダを排除して効率を高めることが必要なはずである。なぜなら現場というものは生産活動の原点であるからである。先に述べた3要素構造の、1つでも無視しては優れたシステムとは言い難い。

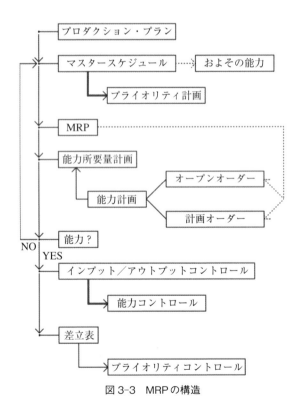

図3-3　MRPの構造

3.4 ロット見込みタイプ多種少量生産

多様化するニーズに対応する多種少量生産を行う生産システムを目指したもので、多種少量化に伴うコストアップ分を合理化によって吸収しようとしたものである。計画を細分化して、精度を高めるとともにロットサイズの合理的決定を図る。また操業平準化計画および進度管理システムを導入して混乱を予防しようとしている。多種少量化に伴うコストアップ分を吸収する方策として、量産方式の採れる所はできるだけ段取り替えせず量産をし、多種少量生産はその価値が見出せる場合に限るということと、人員配置に十分な検討を行うことなどを用いる。結局このシステムは量産方式と少量生産の混在システムである。量産方式の経済性と、少量生産の持つ質的面の優位さを混在させて、両方が援助しあい生産効率の向上を狙うものである。

しかし、非常に中途半端なものになってしまい、解決を図るべき問題がそのまま残ってしまっている。操業度、平準化計画といっても一般に相当量の在庫を利用して行われることであり、在庫低減徹底といってもこの量が必要である限り効果は薄い。特に在庫に関しては段取り替えの必要な大型設備直前のストップポイントについて問題を残す。このシステムで最も重要なことがロットサイズの決定であることも問題である。

システムの総量がロットに従属する

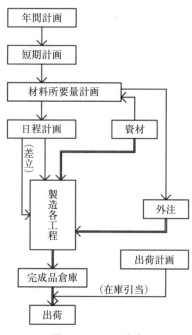

図3-4 ロット生産

ので、ロットサイズを誤ると生産効率がそれにつれて低下してしまう。これでは現在の市場に対応できるとは言い難い。このシステムは多種少量生産としながらも量産効果を捨てきれなかったこと、改善のしくみがなかったことが大きな問題である。

3.5 FMS（Flexible Manufacturing System）

FMSとは、市場の要求に対してコストを低く納期を短くするためのシステムである。中品種中量、少量生産に適したシステムであり、多種化し短命になった製品を経済的かつ効果的に、しかも経済変動に順応した形で生産を行うためのフレキシビリティに富んだ生産システムである。同時に自動化から無人化の方向を目指したものである。一担生産ラインに投入されると多くの面で非常に効率が高く優れたシステムであるが、設備投資は巨額なものとなる。FMSは5つの基本機能から成る。階層制御方式DNC工作機械群機能、自動物流システム機能、自動倉庫機能、自動システム保全機能、総合ソフトウェアシステム機能であるフレキシビリティに富んだ生産システム化を図ったものである。同時に自動化から無人化の方向を志向したものである。

3.6 トヨタ生産方式

トヨタ自動車において用いられているシステムでオイルショック以降、その高い収益性が注目されている。原価低減を図り、同時に経営資本回転率を増大させ、企業全

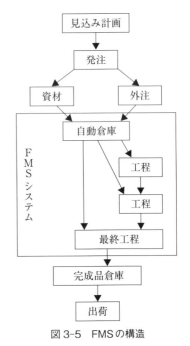

図3-5　FMSの構造

第3章 代表的生産システムの比較　13

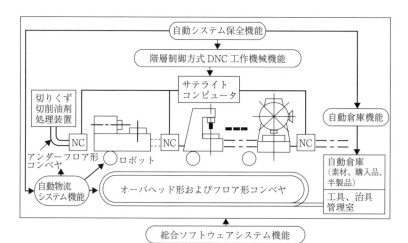

図 3-6　FMSの工程 [3, p.22]

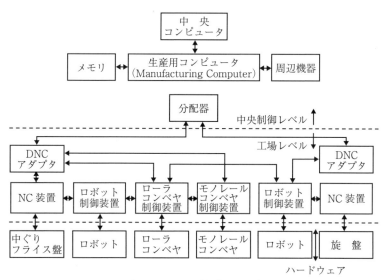

図 3-7　FMSの構 [3, p281]

体の生産性を向上させることを基本目標として、量と種類の両面にわたり日次、月次の需要変動に適応し得る数量管理、各工程が後工程に良品だけを供給し得る品質保証、原価低減目標達成のために人的資源を利用し得る限りは、同時に人間性の尊重を高めなければならないという3つの副次目標を持つ。

　トヨタ生産方式を体系的に示すと図3-8のようになる。これは原価・数量・品質・人間性とその諸手段の関係を示すものである。このうち、ジャスト・イン・タイムと自働化は2本の柱とされる重要な概念である。ジャスト・イン・タイムとは、必要な物を必要な時に必要な量だけ作ることで、自働化とは自動的に不具合を監視ならびに管理するメカニズムのことで不良の発生を防止しようとするものである。同様に重要な概念として、少人化と創意工夫がある。前者は需要の変化に対して作業者数を弾力的に変化させることで、後者は提案を通じて改善活動を進めるというものである。これらの概念を実現し目標を達成するために多くの手法が用いられるのである。

　ジャスト・イン・タイム生産を全社的に達成すれば、当然余分の在庫は完全に排除されるが、生産計画を各工程に同時に提示する中央計画的アプローチだけに依存していては、達成は極めて困難である。そこでトヨタでは生産の流れを逆方向から促えている。すなわち、前工程が後工程へ送るのではなく、後工程が必要部品を必要な量だけ、必要な時に前工程へ引き取りに行くのである。前工程は引き取られた分だけ生産すればよい。この時、種々の情報を伝達するものが、「かんばん」と呼ばれるカードなのであり、このジャスト・イン・タイム生産を管理する手段がかんばん方式なのである。

　逆に、このかんばん方式を実行するためには、生産を平準化して最終組立ラインが時間当たりに引き取る部品の量が平均化されるようにしなければならない。生産の平準化を進めるには、種々の部品が毎日迅速に必要量だけ、生産されねばならないから、生産リードタイムが短縮されなければならない。これは小ロット生産、あるいは一個流れの生産ならびに運搬によって達成される。この実現には、段取り替え時間の短縮や、多能工による多工程

持ち生産ラインが必要である。そして標準作業の組み合わせにより、一単位の製品の加工に必要な全ての作業が、サイクルタイム内に完了する。全部が良品によるジャスト・イン・タイム生産の支えとなっているのは自働化である。その上で、改善活動が標準作業を修正し、しかるべき不具合を正し、かつ作業者の職場士気を高揚させることによって全工程の改善に寄与するのである。

トヨタ生産方式の原点にあるのは工場内のあらゆる種類のムダを排除するという思考である。在庫を無くし労働力をできるだけ有効に活用するために、数多くの手法を考えだしたのである。これは、企業の体質を非常に強いものにしている。

現在の市場に対応するには、最適なシステムのひとつと思われる。リーン生産方式として知られる。FMSとは様相は異なるがトヨタ生産方式こそ真

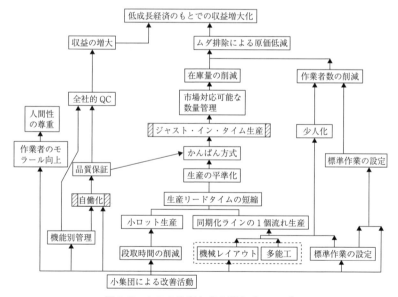

図3-8 トヨタ生産方式の構造 [4, p.51]

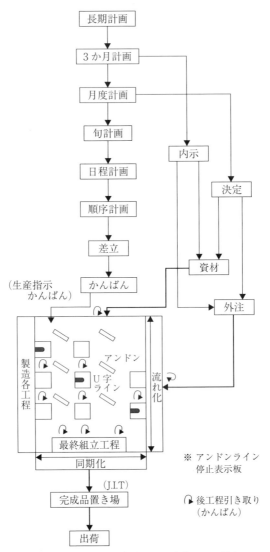

図 3-9 トヨタの生産計画から出荷までの流れ

のフレキシビリティを持つ生産システムであると言えるのではないだろうか。現在の市場に対応するには、最高と思われるシステムである。

3.7 代表的生産システムの比較表

表3-1 代表的生産システムの比較

	主な内容	管理体系	管理効率	リードタイム	情報頻度	物流制限	在庫	ロットサイズ	ラインオフ順	Man-Machine	生産効率
大量生産方式	・見込み生産・大ロット生産・コスト低い（条件付き）	中央管理	製品種類が少なければ少ないほど良好になる。	製品種類が少なければ少ないほど短くなる。	初期指示のみ。	見込み量＝制限量	製品種類が少ないほど減少する。	膨大	決定しない	1人1台	供給主導の市場においては高い。
MRP	・コンピュータスケジューリング・マスターズケジュール・タイム・バケット	中央集中管理	製品の共用部品種類が多ければ多いほど良好になる。	コンピュータの能力による。	タイム・バケットごとに1回。	バケットサイズ＝制限量	スケジューリングによる適正量を持つ。	バケットサイズに等しい。	プライオリティコントロール（Job-Shop）	1人1台または多台持ち	供給主導の市場においては高い。
多種少量生産方式（ロット見込み）	・ロット見込み生産・ロットサイズ・在庫を利用した平準化	分権管理	供給主導の市場では良好。	製品種類が少なければ少ないほど短くなる。	1ロットごとに1回	ロット間隔による。	段取り替えによるロット間隔に等しい。	計画数に等しい、制限範囲はある。	計画時に決定。（Job-Shop）	多台持ち	供給主導の市場においては良好。
FMS	・フレキシビル・自動加工システム	・中央制御レベル・工場制御レベル	ライン内に限り良好。	ライン内に限り短い。	製品1個に1回	プログラム	ライン内に限り非稼働時間相当量を持つ。	ライン内に限り、1個＝1ロット	プログラム	人は保全のみ行なう。	ライン内に限り高い。コストがかかる。
トヨタ生産方式	・ジャスト・イン・タイム・自働化・かんばん・少人化	自律管理（かんばん）	需要主導の市場では良好。	短い。	かんばんサイクルごとに1回	かんばん	かんばんサイクル＋システム外のかんばん量	組立工程1個＝1ロット部品段階かんばん＝1ロット	投入順序＝ラインオフ順	各工程ごとに多工程持ち	需要主導の市場になるほど、高くなる。
NPS	・受注生産・1個単位・手作業主体・連番	自律管理（連番）	需要主導の市場では良好。	極めて短い。	搬入情報によるそれから決定。	タブレット、トラック、連番	ストア、標準手持ちのみ	1個＝1ロット	計画時に決定し、連番により指示。	多工程持ち	需要主導の市場になるほど、極めて高くなる。

3.8 トヨタ生産方式とFMS

　生産を平準化するには、多種多様な製品を毎日、同じラインで生産することが必要であるため、市場で需要の多様化が進めば進むほど、この平準化生産が複雑かつ困難になってくる。しかし、トヨタは需要の多様化と生産平準化の理想と現実との衝突を、汎用機の手作りによる必要最小限の器具等を装着することよる専門化の開発で解決してきた。専用機は、量産効果を狙うには有効であるが、多種少量生産に適したものではない。そこで、専用機に変え、汎用機を工夫して使いまわしていったのである。

　生産平準化の支えとなるもう一つの機械的手段はFMSである。FMSは狭義に定義すると、全自動無人生産システムである。FMSを導入すれば、工場はハードウェアの側面から多種少量生産に対応することが可能となる。この面では、トヨタはまだ生産のほかの側面ほどの進展は遂げてはいないが、汎用機と自動化の活用においては非常に発展している。

　しかし、こうしたハードウェアの面での進展には巨額の設備投資が必要であり、企業規模によってはいくつかの問題が生じるであろう。もちろんトヨタほどの企業がそれだけの理由で導入を拒むわけはないはずである。だからこそ、自動化と汎用機によるトヨタ生産方式の有効性が、よけいにはっきりしてくるのである。

3.9 トヨタ生産方式とMRP

　ある月内における需要変動に生産を適合させるという観点からすると、MRPとトヨタ生産方式はともにジャスト・イン・タイム生産を実現しょうというものである。MRPにおいて非常に重要なものはタイム・バケットという概念であるが、これはある意味では1日ごとのかんばん方式にも見ることができる。しかしその時間域は、MRPが最低1週間のバケットであるこ

とに対して、かんばん方式は1日以下と非常に短い。さらにMRPはタイムフェイズの概念を伴うが、平準化生産を前提とするかんばん方式には不要である。

一定の条件、例えば極少量受注生産のような場合は、平準化は極めて困難であり、MRPの方がより適切になる場合もあるかもしれない。

また、MRPとトヨタ生産方式においては、全体計画の価値が大きく異なる。トヨタにおいては、全体計画は大まかなフレームワークを設定するものにすぎず、日々をかんばん管理している。MRPにおいては、全体計画はマスタースケジュールにあたるが、これは厳格に維持されるべき目標であり、またバケットごとにチェックして補正しなければならない。

さらに、かんばん方式では生産指示変更は最終工程にのみ伝えればよい（かんばんは逆に流れるから）がMRPは全工程同時に伝えられ、それによるムダが生じる場合がある。

しかし、トヨタ生産方式の中でかんばん方式に限って言えば、MRPと両立し得るものである。MPRによりスケジューリングを行い、各バケット内における差立システムとして、かんばん方式を採用することができる。これはすでにヤマハにおいて「PYMAC」と称され実現されている。

第4章

NPS の概要

4.1 NPS 発足時の組織

NPS……New Production System

NPS研究会の発足　昭和56年1月

NPS研究会の運営　株式会社MIP

　　　　　　　　社長　木下幹彌（元ウシオ電機社長）

　　　　　　　　最高顧問　大野耐一（元トヨタ自工副社長）

　　　　　　　　実践委員長　鈴村喜久男（元トヨタ自工生産管理部主査）

　　　　　　　　実践委員　11名

NPS研究会会員企業　29社

　これらは、現在ではなく発足時であり、現在は異なる。

4.2 NPS の基本的思想

　NPS研究会発足の動機は、トヨタ生産方式の思想を発展させ、後世に残す企業を育てたいというものである。そこで、その思想とはどのような考え方であるか明らかにしなければならない、NPSは企業の体質改善の全社的活動である。特に製造業においては商品を造ることに関する全社的活動であり、ムダの徹底的排除という思想に基づいて造り方の合理性を追求し、原価低減を図ることである。NPSはトヨタ生産方式の思想、すなわちジャスト・イン・タイムをさらに進めて、売れる物をタイミングよく造ることを強調している。したがってNPSにおいてムダは、これを阻害する全てを意味する。製造業において永続的に利益を確保するには原価低減をたえまなく行ってい

第4章　NPSの概要　*21*

表4-1　発足時の企業

社　名	資本金	売上高	従業員	事業内容
略	450	20,200	665	オイレスペアリングその他
	692	192,000	4,200	水産練り製品
	50	3,000	310	計器用・音響用等宝石
	100	11,000	350	ゴム・合成樹脂製品
	1,000	1,000	90	電気通信機械器具他
	160	19,000	350	食品等の製造・販売
	11,357	139,000	5,500	工業計器、計測器等
	1,425	72,805	2,211	ファミリーレストラン
	200	5,000	200	自動車部品
	210	10,000	450	電気音響機器、無線機
	1,000	26,000	625	軽金属の鋳造・圧延加工
	500	9,000	383	継手・バルブ
	3,027	12,500	320	コインメカニズム
	4,800	1,600	120	株式関係印刷物等
	160	16,000	560	電気設備工事、設計、施工
	640	10,100	416	電気機器（主に配電盤）
	400	10,000	372	アルミニウム家庭用品
	3,560	80,000	1,883	音響機器その他
	3,049	16,000	520	工作機械、研削盤各種
	1,000	16,200	618	波板スレート、ボード
	920	120,700	2,163	婦人、紳士、子供服
	25,300	279,000	4,874	アルミ製錬、軽圧品
	50	12,500	66	プラスチック射出成型品
	4,397	126,200	1,114	プレハブ住宅
	3,700	48,000	2,015	ベルト、工業用品
	550	12,600	473	天然木化粧合板
	1,817	12,100	220	各種フィルムコンデンサ等
	1,001	230	650	エアコンプレッサー等
	35	11,100	520	スチール棚等の保管システム

（単位：百万円・人）

くことが必要であるが、NPSではこれをムダの徹底的排除によって行うこととしている。これがNPSの基本的思想である。これはすなわち市場優先型の生産システム作りを目指すものであり、生産システムの理想の姿に迫ろうとするものと言える。

次に、NPSの基本的思想に関して3つに分類して説明を加える。

4.2.1 物の造り方と原価

NPSの目指す基本的なことの一つに、物の造り方の中から原価を低減するということがある。原価には、材料費のように各社とも同じ程度になる部分と、造り方によって企業ごとに異なる部分とがある。NPSは、この造り方についてあらゆる方面から研究し、発見したムダを徹底的排除して、原価を低減する役割を果たそうとしているものである。

4.2.2 ムダの認識

A 動きと働き

製造現場においては、手持ち、不良、あるいは造りすぎなど、付加価値を高めないものは全てムダである。そして、付加価値を高めるとはすなわち工程を進ませることであり、この行為のみが働きであって、それ以外の動きと働きはムダであると言える。つまり、単なる動きを働きに変えて仕事を100%にすることが真の能率向上と言えるのである。

B ムダ排除と労働強化

一般に改善は労働強化につながるといわれることがあるが、NPSで労働強化は厳に戒めている。NPSが問題にしているのは労働密度であり、労働強化とは全く異質のものだからである。なぜなら、労働密度とはムダを排除してその分だけ仕事を上積みするだけのものだからである。

C 生産のリードタイム

生産面において質、量、コストという見方が重要であるというのは周知の事実である。しかし、NPSでは、質、量、タイミングがコストを形成する

という認識を持つ。すなわち、生産のリードタイムが重要なのである。生産のリードタイムは加工時間と停滞時間から成り、これを縮めるには停滞時間を縮めた方がより効果的で、また、多くのムダが顕在化してくるのである。つまり、このリードタイムをいかに短くするかという意識を持つことがムダの発見につながるのである。

D　人の仕事と機械の仕事

　自働化によって人の仕事と機械の仕事を分けて考えることはNPSの重要な考え方の一つである。これによって人の仕事ではないものを発見することができてムダに気づくのである。この観点から作業の組合わせを工夫すれば、ムダを無くした真に能率的な作業を行えるのである。

4.2.3　能率と企業の効果

a　見かけの能率と真の能率

　能率の向上は、原価低減に結びついてこそ意味を持つものであり、造りすぎを招くようなものは企業効果率を悪化させるだけである。すなわち真の能率とは、必要量をいかに少ない人員で造るかということである。

B　稼働率と可動率

　稼働率とは必要数を造るのに働かせる時間であり、可動率とは必要な時に設備が可動する状態で、常に100％が目標である。NPSが問題にしているのは可動率であり、そのための保全、段取り時間短縮などに努力している。稼働率はいくらでも高くなるが、需要につながっていないものはムダを生むだけであり、何の意味も持たないのである。

4.3　NPSの実践理論

　NPSが実際の現場において用いている基本的理論を以下に述べる。

4.3.1 NPS の 2 本の柱

NPSにはその基本的思想に基づいた2本の柱がある。すなわちジャスト・イン・タイムと自働化である。これはNPSの理念と言うべきものである。

A ジャスト・イン・ダイム

必要な時に必要な物を必要なだけ作ることにより、現場からムダを排除するものである。これには平準化生産がなされていることという前提条件がある。まず最初に混乱を無くすためであり、その上で3つの原則を持つ。第1は、正確は販売数を反映した必要数によりラインタクト（稼働時間／生産必要量）を決定するということである。第2は、後工程引き取りによって工程を進めるということで、これは停滞を無くそうというものである。このために「かんばん」管理の道具として用いることになる。第3は、生産の流れ化を実現するということで、これはリードタイムの短縮に寄与するものとなる。

B 自働化

ジャスト・イン・タイムの実現のためには、不良品を流してはならない。自働化とは機械や生産ラインで不良品が量産されることを防止する手段を機械のメカニズムにビルトインすることである。すなわち機械に自働化停止装置をつけることである。また、生産ラインにおいては「目で見る管理」を実現することである。これはつまり、トラブルが目でわかるように表示板（アンドン）を用いることである。自働化とはすなわち、品質管理の有効な手段であると共に異常の明確化を図り、改善を有効に進めていくための手段でもある。これは管理の効率化にも寄与するものである。

4.3.2 かんばん

ジャスト・イン・タイムを現実するための管理の道具である。かんばんは非常に有効な道具であるが、運営のルールを守ることが絶対条件であり、これを無視して用いると混乱を招くだけのものになる。なお、かんばんは4つ

の役割を持つ。

 a 造りすぎのムダを抑える（総量規制）。

 b 引き取り情報と生産指示情報。

 c 目で見る管理の道具（かんばんは必ず現物と共に動く）。

 d 改善の道具（問題を顕在化させる）。

4.3.3　物の流し方と在庫

 NPSでは一個ずつ、ワンセットで、後工程引き取りで、ジャスト・イン・タイムで生産することとしている。現在の市場を考えれば、小ロット生産の方が合っていると言える。そこから、NPSは最高の効率化へ向けて一個で造ることとしているのである。また、後工程引き取りにすることにより、前工程は余分な物や不良品を造らないようになり、停滞のムダを排除できるのである。NPSでは在庫を罪悪としている。機会損失の考えを否定し、売れ残った場合こそが損失であるとの考えを持つ。これも現在の市場を分析した結論で、在庫を必要としていない生産システム、これがNPSなのである。

4.3.4　企業全体のシステム

 NPSは、生産だけを問題にするのではなく、企業全体の効率を考える。生産および販売計画を正確にするためには、販売部門から経理部門にまで平準化およびジャスト・イン・タイムを徹底させる必要がある。そして目指す姿である、正確な計画の下のムダのない合理的な受注生産即納体制の確立のために、あらゆる手法を用いて改善を進めていくのである。

4.4　生産連結度のレベルに対する概念

 NPSがトヨタ生産方式より前進している例として生産連結度のレベルが取りあげられるが、これはNPSの理想追求のステップとして重要な概念で

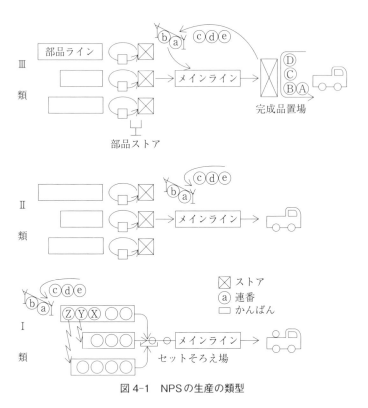

図 4-1　NPSの生産の類型

ある。下図においてNPSはⅢ類からⅡ類そしてⅠ類へと移る方が効率的であるとの発想を持つが、これはトヨタにはあまり見られないものである。

生産連結度のレベル（Ⅰ類、Ⅱ類、Ⅲ類）

　NPSでは生産の形をモデル化すると部材加工および最終組立から成るモデルを考えている。この生産期間と受注のリードタイムから、どこに生産指示をするか、ストックを置くかが決定される。ただし受注から生産指示までのリードタイムについても注意される必要がある。

4.5　NPSのグループ活動

　NPS研究会会員企業は1業種1社であることから、非常に連帯感が強く、グループ活動を有意義に行っている。

4.5.1　巡回研究会

　NPSでは、「巡回研究会」と称して、各会員企業のNPS活動推進担当員を一同に集め、1工場の改善を全員で行う。もちろん対象工場は会員企業の工場である。4グループに分け、各々にテーマを与えて改善に取り組み、その効果も大きい。本章では概要を述べるにとどめる。

　こうした活動ができるのは、1業種1社に限定したことからである。自社の工場の手の内をさらけだすのであるから、同業他社がいてはやりにくく、不可能であろう。

4.5.2　トレーナー教育

　これは、NPSの手法等を各社社員に教育する目的で、数名を工場に集め、テキスト解説、演習、改善、まとめを行う。

4.5.3　NPS共同輸送計画

　小ロット輸送を実現し、資材、部品、仕掛り等の在庫の低減を図るものである。すでに「NPS北便」がスタートしており、東海道便、近畿便も調査は最終段階に入っていた。

第5章
NPS生産システムの基本

5.1 NPS生産システムの構造

図5-1にNPS生産システムの構造を示す。

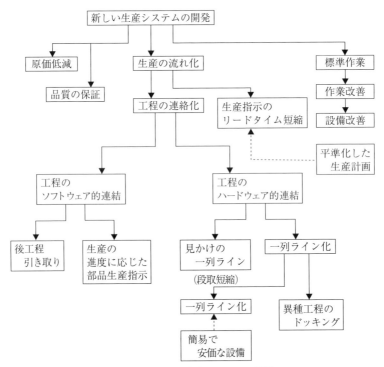

図5-1 NPSの生産システムの構造

5.2 かんばん方式

　かんばん方式とは、トヨタ自工時代に大野耐一氏が創案、推進したトヨタ生産方式の中で、ジャスト・イン・タイム生産を運営するための手段でありさまざまな前提条件を持つ体系的なシステムである。ここでは、その中でポイントになる項目について述べるが、注意すべきは、NPSイコールかんばん方式でもなければ、トヨタ生産方式でもないということである。大野耐一氏が「NPSはかんばん方式の亜流ではない」と述べていることでも明らかなように、ここで示すかんばん方式とは、あくまでもNPSの手法の基本としての、NPSのかんばん方式なのである。

5.2.1　導入に際して

　かんばん方式は、生産の平準化、自働化、工程の流れ化、作業の標準化などの前提条件を満たし、その上で運営のルールを守らなければ、効果がないばかりか混乱を招くものになる。したがってかんばん方式導入に際しては、ここで述べることを十分に検討する必要がある。

5.2.2　生産計画

　生産計画は平準化の基になるものである。図5-2は一般企業とNPSの違いを示すもので、NPSでは月度生産計画は作成するが、販売実勢に即応して毎日計画を調整する（できる）ので、生産量の変動が小さい。対して一般には、月度生産計画のまま生産するので、当月の売れゆきが翌月の生産量に影響して変動が大きくなる。このような生産量の変動はムダを生みだすので、できるだけ小さくすることが必要である。

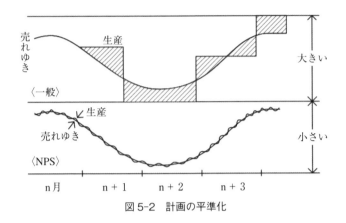

図 5-2　計画の平準化

5.2.3　平準化生産

　ジャスト・イン・タイム生産を行う場合、生産が大幅に変動すると各工程が対応できなくなり、また対応できるようにするには生産の最大値で体制を組まなければならなくなり、大きなムダとなる。したがって生産を平準化することが必要であり、かんばん方式運営の一番重要な前提条件となっている。平準化生産がライン能力設定の目やすとなり、部品加工ラインの混乱を防ぎ、また日程計画の目やすになるのである。平準化とは量と種類が時間的にみても平均化されていることで、図5-3はその一例である。作成された生産順序計画は、納期に間に合うリードタイムの最も長い工程にのみ指示する他工程へは、かんばん、割符等が順次指示する。

5.2.4　自働化

　自働化については先に述べているが、すなわち品質管理を自律的に行う機能である。同時に、不良品の量産を阻止し作業者を減らすことができることから、原価低減と人間性の尊重（人は人の仕事を行う）という効果をもたらす。自働化は2つに分けて考えることができる。1つは設備そのものに対するもの（自働機）で、もう1つはライン全体に対するもの（目で見る管理）である。

製品	月産量	直当たり	タクト							
A	9,600	240	2'	○	○	○	○	○	○	○
B	4,800	120	4'	△		△		△		△
C	2,400	60	8'	×			×			
	16,800	420	1.1'	○△×○○×○○△×○○△						

ダンゴ生産

平準化生産

図5-3　平準化生産とダンゴ生産

a. 自働機

　異常（不良発生など）を探知し、その際自動で停止する機能を持たせた機械を自働機と呼ぶ。また、作業者の不注意による不良を排除するポカヨケ機能を持つものについても同様である。

　図5-4にその一例を示す。これは製品がパレットに正しくセットされていないと、次工程へ送らないようになっているものである。

　図5-5はAB制御、またはフルワークシステムと呼ばれるもので機械Bの標準手持ち量6個がシュートに貯まるとリミッターが作動し、機械Aは自動的に加工を停止するもので、加工速度が異なる設備間において、造りすぎを防止する。

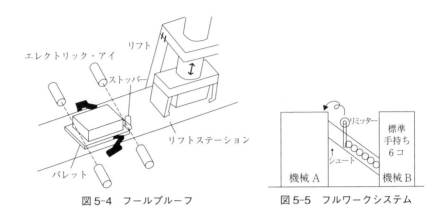

図 5-4　フールプルーフ　　　　　図 5-5　フルワークシステム

b. 目で見る管理

　自働機の考え方をラインに応用したものが目で見る管理と呼ばれるシステムである。これは、異常があったらラインを止め、それをアンドン（停止表示板）で誰の目にもはっきりさせて、即座に原因を調べ再発防止の手を打つものである。

　図 5-6 および図 5-7 は目で見る管理の一例である。図 5-6 はライン停止におけるシステムで、図 5-7 は機械保全システムである。

　結局、トヨタにおいては、自働化の究極的目的は不具合を正す是正活動さ

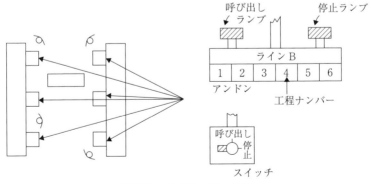

図 5-6　アンドン［4, p.285］

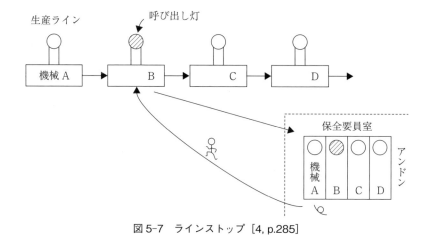

図 5-7　ラインストップ［4, p.285］

えも自動的に行われるシステム－いわゆる無人化生産にあるのではないだろうか。対して NPS は、あくまでも安価な設備による人中心のシステムを目指し続けている。規模の違いはあるものの、大野氏が目指したものから離れはじめたことが木下理事長に「もはやトヨタは参考にならない」と言わしめたのではないだろうか。

5.2.5　段取り替え

　小ロット生産を行うために、段取り替え時間の短縮が必要である。いわゆる「シングル段取り」とは、段取り替え時間が分数にして一桁台であることを意味するが、これを達成してさらに短縮することによって在庫の最小化とフレキシビリティの増加というメリットがもたらされる。段取り替え時間を短縮するには、まず4つの概念を正しく認識することが重要である。第1に内段取りと外段取りを切り離して考えることである。内段取りとは機械を止めなければできないことで、外段取りとは機械が作動中にできることである。すなわち機械を止めてから、機械から離れてできる段取り替え作業をしてはならないということである。第2に内段取りはできるだけ外段取りに切り換えていくこと、これは一番重要である（図5-8）。第3に調節の過程を

一切排除することで、調節時間を減らすことは全段取り時間短縮に極めて有効である（図5-9）。第4に段取り替え作業そのものを無くすことで、これには均一の製品デザインを用い同じ部品を使う方法と、さまざまな部品を同時に生産する方法とがある。この4つの概念を実現するために6つの手法がある。外段取り作業の標準化、当該機械の必要部分だけの標準化、スピード締め具の使用、補助用具の使用、並行作業の適用、自動段取り替え設備の導入の6つである。しかし、これに多大な投資を行っては本末転倒というものであり、十分に見極める必要がある。

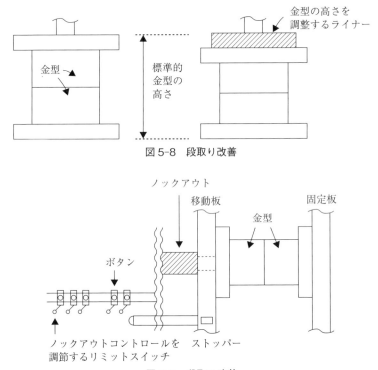

図5-8 段取り改善

図5-9 段取り改善

5.2.6 標準作業

標準作業の目的は、動作や仕掛りなどのムダを排除して、真に価値ある働きを作業者に集め、しかも同期化を達成するということである。したがって標準作業には3つの構成要素がある。それはサイクルタイム、作業順序、標準手持ちである。すなわち、ジャスト・イン・タイムを達成し同期化を達成するためのサイクルタイム、作業者に効率的に作業を集めるための作業順序、余分の仕掛在庫を排除するための標準手持ちである。標準作業は改善の原点になるものであり、固定的なものではなく常に改訂される運命を持つものである。また作業者数や生産量の変化によっても変更されるものなので、現場監督者が常に正しく管理していることが必要である。この標準作業には、繰り返し性のある作業で、人の動作を中心にしたものであることという条件がある。なぜならば、この条件を満たさないものは標準化が困難な上に、改善の道具にならず意味をなさないからである。なお、作業標準は、標準作業を行うための諸標準であり、明確に区別されるべきものである。

表 5-1　標準作業の作成手順

1. 工程別能力表の作成	工順、工程名称、機番、基本時間（手作業時間、自動送り時間、完成時間）、図示時間、刃具、加工能力、品番及び品名、型式及び個数、所属氏名、作成年月日の順に記入する。
2. 標準作業組合せ票の作成（作業手順の決定）	サイクルタイム、工程範囲、手作業内容、時間記入、最初の作業時間を図示、2番目の作業決定、以下順次作業決定、作業組み合わせ確認、作業範囲とサイクルタイム、適正作業量確認、作業順を記入する。
3. 標準作業指導書の作成	品番及び品名、必要数及び分解番号、所属及び氏名、NO、作業内容、品質、急所、正味時間、図示（機械配置図、作業順序、標準手持ち、品質チェック、安全、サイクルタイム、正味時間）
4. 標準作業票の作成	作業内容 機械配置及び作業順序 サイクルタイム 標準手持ち 正味時間
5. 標準作業票の掲示	そのラインの第1工程に掲示する。

次にその作成手順について述べる。まず工程別能力表を作成し、次に標準作業組合わせ票を作成する。そして標準作業指導書を作成した上で、標準作業票が作成されるのである。その詳細について以下に示す。

5.2.7　かんばんの使用方法

表 5-2　かんばんの使用方法

前提条件	生産の平準化・生産の継続性・前工程、運搬に信頼感のあること。	
準備事項	ストアの設定、収容数及び荷姿の設定、工程及び機械設備の設定、様式及びルールの設定、ポストなどの小道具の設定。	
ルール	かんばん当りのロットを極力小さくする。後工程が引き取りにくる。引き取られた分だけ生産する。全て良品とみなす。	
種類	生産指示かんばん（仕掛かんばん）引き取りかんばん	工程かんばん（流れ生産のもの）信号かんばん（ロット生産もの）

注意事項

かんばんと生産計画の併用はトラブルの原因になるので、生産順序計画は最終工程のみに指示する。図 5-11 に生産計画の指示および物の流れを示し、一般のシステムと比較する。

5.3　少人化

少人化とは、需要変動に適応するため、現場の作業者数にフレキシビリティを持たせることである。つまり、需要が変化した際、人的資源の調整と再配置により生産性を向上させることと同じ意味を持つものである。少人化を達成するためにも前提条件がある。適切な機械レイアウトを設計して工程に流れをつくること、作業者を多能工にすること、標準作業を確立し再評価と改善を行うことの3つである。少人化のために有効な機械レイアウトは

第5章 NPS生産システムの基本 37

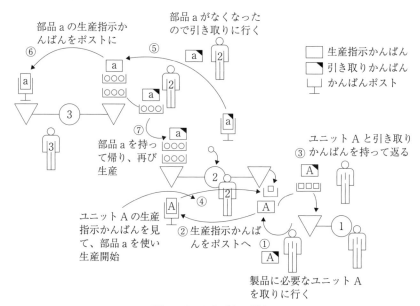

図 5-10 かんばんの動き

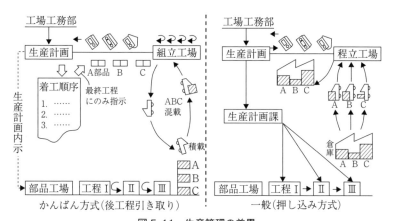

図 5-11 生産管理の差異

U字型ラインである。なぜならばこのレイアウトの下では、各作業者はその受け持つ作業範囲を容易に広げたり狭めたりできるからである。なお、当然作業者は多能工でなくてはならない。このレイアウトのポイントは入口と出口を同一作業者が受け持つということである。

これにより作業者の追加削減が可能になり、さらにはライン内の仕掛品の数量が常に一定に保たれることになる。実際に少人化を達成するためには作業を配分し直して人を省けるかどうか調べなければならない。図5-13で、再配分は必ず図5-13のように行わなければならない。もし⑪図のように作業者Dの余力を4人で分配すると、せっかくムダを明らかにしても改善の原点となるべきものが隠されてしまう上に作業者に悪いペースができてしまうからである。

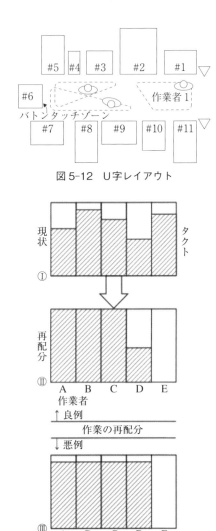

図5-12 U字レイアウト

図5-13 作業の平均化

5.4 運 搬

運搬、特に工程間運搬については、かんばんと深い関係がある。かんばん方式に基づいて生産を行うには、多回混載運搬が条件であり、その方法としては定量・不定時運搬が必要である。多回運搬にすることによって小刻みな

情報収集を行うことが可能になり、混載運搬で多種少量の引き取りを行うことによって最小限の在庫で最大限の生産を行うことが可能になる。

また、定量・不定時運搬はジャスト・イン・タイムの原則に従い、引き取り量を基にして行う運搬方式である。この次善の策として定時・不定量運搬があるが、これは外注などやむを得ない場合のみ用いるもので、積載能力の設定に不利であるし、積載効率も悪化しやすいものである。また、ロットサイズが小さい場合、必要量の部品をワンセットにしてそのつど繰り返し引き取る方法がある（多くのストアを巡回する）。これは、いわゆる「水すまし」と呼ばれる手段で、有効なものである。

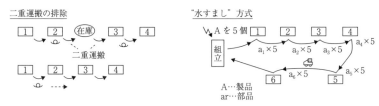

図5-14　多工程持ち

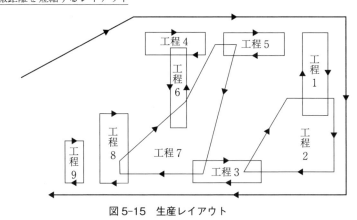

図5-15　生産レイアウト

5.5 生産リードタイムの短縮

ジャスト・イン・タイム生産を達成するには、生産リードタイムが著しく短縮されなければならない。生産リードタイムは、加工時間、待ち時間、運搬時間の3要素で構成される。これらを最小化する方法には図5-16に示すステップが考えられる。

生産リードタイム短縮により、4つの利点がもたらされる。第1に受注生産志向の生産を達成できること、第2に仕掛品在庫を大幅に減少できること、第3に完成品在庫を大幅に減少できること、第4に商品価値が著しく低下した時の死蔵在庫が最小限ですむことである。

次に、生産リードタイムを短縮するための方法を述べる。まず加工時間の短縮については、小ロット化と1個流れ生産の実現が有効である。大ロット生産は段取り時間負担の軽減で、製品一単位あたりの平均コストを低下させることはできるが、同時に各部門の在庫量を増大させ、リードタイムを拡大してしまい、トータルコストを押し上げてしまうこともあるからである。厳密に言えば、ロットの概念を捨てて、完全な1個流しにすることが重要である。

また1個流れの生産実現のためには、多能工による多工程持ちが必要であ

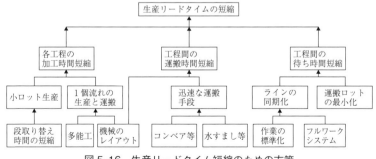

図5-16　生産リードタイム短縮のための方策

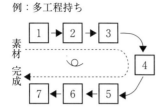
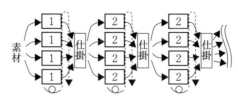

図5-17　多工程持ちと多台持ち

る。工程ごとに単能工を配したラインでは、製品はどうしても大ロットで次工程へ送られてしまうからである。なお、小ロット化については、一般に段取り替え時間をN分の1に減らせば、ロットサイズも負荷量を変えることなくN分の1に減らすことができる。

　待ち時間の短縮については、運搬ロットを小さくすることと、ラインの同期化が有効である。仕掛品ができているのに次工程へ送らないということから生じる待ちは全くのムダであり、こまめな運搬が必要である。前工程の完成を待つ時間を短縮するには各工程の生産量、時間ともに同じくすること、すなわち同期化が必要である。このためには、作業者間にある作業時間の差異（能力、手順による）を最小化する必要があり、それには標準作業の確立

表5-1　生産リードタイム増加の理由と対策

在庫機能	説　明	停滞事項	対　策
先行手配	納期達成（即納化）のために各在庫を持つが、そのために全体的リードタイム（生産期間）が増加する。	資材在庫 製品在庫 中間在庫	・多数回少量納入 ・資材、在庫の標準化 ・生産リードタイムの短縮 ・受注生産
変化吸収	受注の変化・設備トラブル・労働、品質、納期トラブルに対する対応。	工程間仕掛り 中間在庫 ロット待ち	・生産リードタイムの短縮 ・1個単位生産（小ロット化） ・後工程引き取り ・作業の流れ化 ・生産の流れ化
作業効率向上	まとめ生産（大ロット化）による段取り負担減少。作業の繰り返しによる習熟、工数低減。	ロット待ち	・1個単位生産（小ロット化） ・作業の流れ化 ・段取り時間の短縮

と、作業者間に重複作業域を設定することなどが有効である。また機械に関しては、フルワークシステムが有効である。運搬時間の短縮には、流れに即応した機械レイアウトと、コンベア、シュート、水すましといったような迅速な手段が使われることが有効である。

第6章
NPS の生産システム

6.1 序　言

　NPS生産システムにおいては、その構造は大別して3要素に分かれる。（前章図5-1）すなわち、原価低減、生産の流れ化、標準作業の3つである。

　原価低減は極めてトータルなものであり、構成要素というよりもむしろ大原則と言えるかもしれない。それは在庫低減、設備の再考、人員配置（作業）の再考などによって達成されるものである。ただし、原価低減は品質の保証を踏まえた上でのものでなければならない。いずれにせよ、NPS生産システムには、原価低減を阻害するような要素は存在しないのである。

　生産の流れ化は、実際のシステムそのものと言ってもよい程、重要なものである。トヨタ生産方式、特にかんばん方式を基礎として、数多くの手法から成る。

　標準作業は、NPSでは改善の原点として位置づけている。NPSは人中心のシステムであり、改善に際しても、まず作業改善を行い、設備改善に取り組むという姿勢を持つからである。すなわち、NPSにとって、標準作業の確立こそが、理想に向けての第一歩なのである。

6.2　作業に関して

　NPSは人中心のシステムであるから、作業は極めて重要な要素になる。改善の原点である標準作業について述べる前に、作業そのものに対するNPSの理論および手法を述べることにする。

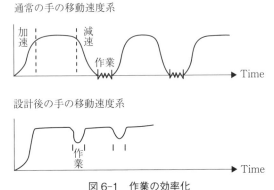

図 6-1　作業の効率化

6.2.1　作業設計の原則

　作業設計における原則は、手の移動の停止、減速、加速を可能な限り減らすことである。また、多工程持ち作業の構造は、歩行、停止、ターンになるが、このうち、まず停止を無くすことを考える必要がある。
　作業の設計方法を示す。
方法1：スイッチ等を大きくし、作業に早くとりかかれるよう、移動中に作動させる。
　　2：部品箱の形状をスライド式で取れるようにする。
　　3：対象機械からの加工済品の搬出方法及び搬出位置を考える（シュート等）。
　　4：仕掛品の取り付けガイドを大きくする。
　　5：リズミカルな動作が可能な設備レイアウトにする。
多工程持ち作業の設計においても同様である。

6.2.2　作業者の持ち作業量の決定方式

サイクルタイムの下限
　サイクルタイムの下限は、10%以下にラインバランスロスを下げる（ラインバランス効率90%以上にする）ことを目標とすると、要素作業の平均時

間の10倍程度になる。ただし、ここでの要素作業は移動時間も含んだ値とする。

例：サイクルタイムの下限

表6-1　サイクルタイム

	サイクルタイム	一要素作業
自動車	60" ～ 55"	6" ～ 5"
二輪車	40" ～ 30"	4" ～ 3"
電装品	30" ～ 25"	3" ～ 2"

　組立においては、作業者ごとのサイクルタイムの差は最大で一要素作業である。こうすると、ラインバランス効率の期待値は95％になるはずである。

サイクルタイムの上限

　習熟の観点からは、サイクルタイムが小さい方がよい。特にパートあるいは未熟者においては、その交替性から考えても小さい方がよい。

　注記　サイクルタイム $= f / N$

　　　　ラインバランス効率 $= \sum_{I=1}^{n} T_i / (n \times \cdot T_{max})$

　　　　　　　　$f = 稼動時間$

　　　　　　　　$N = 必要生産数$

　　　　　　　　$n = 工程数$

　　　　　　　　$T_i = 各工程の所要時間$

　　　　　　　　$T_{max} = 最大所要時間　（ネック工程所要時間）$

6.2.3　作業域の設定

　NPSでは多能工による多工程持ち作業が原則であるから、作業域は重要な問題になる。

a. 作業のバトンタッチゾーン

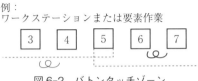

図6-2　バトンタッチゾーン

作業域を重複させることにより、前後作業者相互の実作業時間変動を作業域で補い、実ラインバランスを向上させることを目的とする。多工程持ち作業システムにおいて、前後作業者の相方が作業可能なワークステーション、あるいは要素作業を持つことである。図6-2の例では⑤が重複作業域、すなわちバトンタッチゾーンになっている。対象となるラインは、各要素作業の時間変動が大きいか、または作業中に定期的に標準外作業等が頻発し、ラインを乱す要因の発生が見られる作業ラインである。

前提条件として、作業者はサイクルタイムが極めて長く、1ワークステーションの作業時間がそれに比してかなり小さくなければ、立ち作業でなくてはならない。

バトンタッチゾーンの設定に際しては、作業者の習熟度が条件になる。前後の作業者間に習熟が進んでいる場合は、1ワークステーション程度のバトンタッチゾーンを設定する。通常の習熟状態の場合は、サイクルタイムの10％程度（要素作業）をバトンタッチゾーンとする。習熟が見込めない場合は適用してはならない。

b. 定置型作業におけるタクト生産化

作業者を一定タクトで、ワークステーション間を移動させることで、作業者自身に「流れ」を持たせ、生産の流れ化を図るものである。

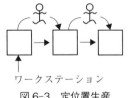

図6-3　定位置生産

6.2.4　多工程持ち作業のフレキシビリティ

これは、aで述べたバトンタッチゾーンの範囲を拡大することを意味する。すなわち、多工程持ちはいかなる組合わせでもできるようにすることである。何人でも加工できるようにしておけば（少人化）、増減産への対応

はもちろん、急な欠勤や急病による欠員に対しても無理なく（残業等によらず）対応できるのである。

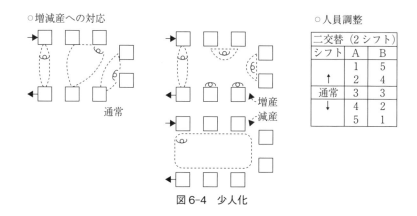

図6-4　少人化

6.2.5　標準作業と改善

作業改善の原点は標準作業であることはすでに述べている。ここでは、標準作業に基づく作業改善のポイントである6つの項目について述べる。

a. 工数低減

作業者が、サイクルタイムの中でどのように仕事をしているかという作業の組合わせ、特に手待ちに着眼する。工程の最初または最後の作業者から100％仕事を集めていき、最初または最後の作業者にすべての手待ちを集める。この作業者の手待ちが半端な工数の改善への着眼点となる。その作業者を減らすために、作業の組合わせ、作業順序を改善し、また動作経済の原則（作業単純化の原則）に従って、動作そのものからムダを省いていくのである。その後、必要に応じて設備改善を進める。

b. 仕掛品在庫の低減

仕掛品在庫の適正量を判断する場合、定量引き取りをベースにしてどの程度まで減らせるかというのが着眼点になる。引き取り時間にバラツキがあれば、余計に仕掛品を持つことになるので、標準作業に戻って見直す。

引き取り方法が悪いのならば、それを直す。そして仕組みを直していくことにより、必ず仕掛品在庫を減らすことができる。もっとも、仕掛品在庫については、「減らせるから減らす」ではなく、「減らしてから改善する」という姿勢が重要である。

c. 品質不良の低減

標準作業が崩れた場合、必ず異常が発生しているはずである。また、標準作業の維持は再現性のある方法であるから、不良の真因は発見しやすい。

したがって、不良を発見した場合は不良か所を発見することが最大の着眼点となる。すなわち、標準作業を確立し、遵守していれば、不良は早く発見され、改善を行うことによって低減されるものである。

d. 生産能力の増強

標準作業組合わせ票により、ネックとなっている工程あるいは機械を探し、どの程度改善する必要があるかを発見することが着眼点である。この改善は、人と機械の作業の組合わせによって行う。この再編成により、リードタイムは3割程度まで容易に短縮できる。また、能力の判断には生産管理板の利用が有効である。

e. レイアウト

生産の流れ化を達成するためには、流れ中心のレイアウトが必要である。すなわち、標準作業を組み易いレイアウトになっているかどうかが着眼点である。レイアウト改善には、空動き（歩行等）や手待ち（サイクルタイムとの比）の排除が最重要である。

f. 目で見る管理

目で見る管理は正常と異常を明確に区別することである。すなわち標準から外れたもの（異常）を誰の目にも見えるようにすることである。このためには、部品置場の状態をうまく表示することと、アンドンをうまく利用することが必要である。部品置場からは、少なくとも進行状況、部品の有無、次の加工部品が判断できるようでなければならない。

6.3 工程管理に関して ― 工程のソフトウェア的連結 ―

NPSにおける工程管理の手法を述べる。基本的には、後工程引き取りによって工程を結び、生産の進度に応じた部品生産指示を行うものである。

6.3.1 順序管理 ― 連番 ―

順序管理は、NPSで特に重視される。NPSでは順序管理において、「連番」という着工順位表を用いる。連番とは、製品の納期から逆算して着工順を決定し、工程に生産指示を行うための情報媒体である。連番は着工順位を示すと同時に製品のラインオフ順でもあり、工程内で飛び越しや入れ替わりは許されない。

この目的は、工程内の物流の整流化を図ることによって、物流量の減少、生産期間の総体的短縮、管理の容易化を実現することにある。対象となるのは、工数が多いかリードタイムが長い製品、または繰り返し性が少ない製品である。使用方法は、まず納期から逆算し、ラインアウト順の計画を行う。次に、工程の負荷計画から差立順を決定する。そして決定された着工順を連番とする。連番は、PP（生産期間）＜SLT（必要リードタイム）であり、かつ以後の加工順の飛び越し、入れ替わりがないという条件を満たす最源流工程に投入し、ラインオフと同時にはずす。

ただし、連番は単独で使用しても効果に期待は持てず、またそのルールを守らなければ意味をなさなくなる。加えて、連番を用いる際の注意点を述べる。第1に、連番と同時にタブレットあるいはワッペン等を用いて、工程内の総量規制が行われる必要がある。第2に、着工順の決定にあたっては、引き取り順および工程の負荷等を考えた差立のルールが必要であり、また着工順の決定と同時に、進度管理をしなくてはならないが、このためにはタブレットあるいはワッペン等を用いる。第3に、連番は投入直前まで受注変更等によって変更を受けるべきであるが、一度工程に投入されたら仕様変更は

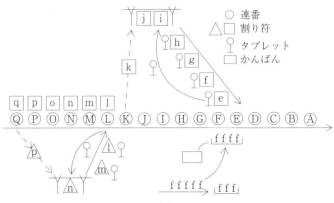

図6-5　生産指示システム

各ポイントごとに限られ、ラインアウトを乱してはならない。第4に、一度ラインに投入されたものは基本的に順序を変えてはならない。ただし、Ⅲ類等において、より短いリードタイムのサブアッシーラインにおける変更によるものであるならば、やむを得ない。第5に、工程の整流化を図る場合、対象仕掛品が、ある工程を必要とする場合とパスする場合とがある。その場合、総合的（平均的）にみて生産期間が短縮されるならば、パスの場合でも飛び越させずに空加工すべきである。そうでないならば、ラインを分離する必要がある。全体としての効率、リードタイムを考えた場合、特急電車方式（パス工程あり）よりも普通電車方式（各工程に行く）の方が良いことがある。特に管理の容易化という点においては、後者の方が明らかに良いと言える。

　次に初期、終期連番の利用について述べる。ラインに合流あるいは分流が全く無い場合は、終始一貫した連番を用いることで問題は無いが、合流あるいは分流のあるラインで、そうした連番の用い方をすると、合流後あるいは分流後で混乱が起こる。そこで、背番号、加工連番、組立連番のように連番を分割利用する必要がある。その用い方は図6-7に示す。このように連番を分割して用いると、変更に対する即応力が向上し、前工程の在庫低減にも効果はある。しかし、本来的には連番は一貫しているべきものであるから、意

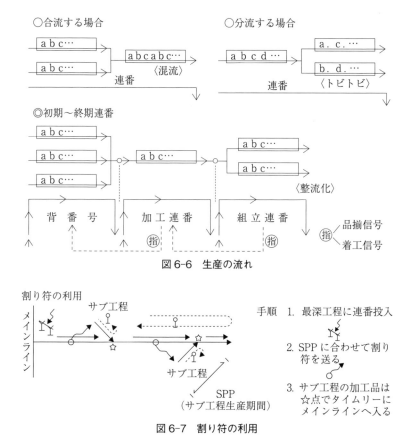

図 6-6　生産の流れ

図 6-7　割り符の利用

味もなく用いると、連番そのものの価値も失ってしまうことになる。

　Mcに対しても、同期加工およびセット加工を目的としてMc加工連番を用いるが、この場合は不良が発生した場合の対策が万全でなければならない。

6.3.2　総量規制・進度管理

　工程内の総量規制には「タブレット」あるいは「ワッペン」なる引き取りかんばん的なものを用いる。これは、工程内の全仕掛量を規制するものであ

る。その目的は、工程内の物流量を一定に保つことにより、工程の整流化を図り問題を顕在化させることにある。タブレットは、工程が長く工程内の全仕掛量の把握が困難である場合に用いられる。また、連番と同時に用いることによって進度管理を行う場合も用いられる。このとき、各ラインの先頭作業者は、タブレットと連番が同時にそろわない限り加工を開始してはならない。また進度管理においては、「割り符」なる生産指示媒体を用いることがある。

割り符とは、生産途上で部品生産指示を行う時に用いるもので、NPSでは重視している手法の一つである。ある製品生産においてPPの最も長い工程に生産指示を行い、他の工程にはその深さに応じて、工程の進行度合に従って生産指示を行うものである。前者に用いられるのが連番であり、後者に用いられるのが割り符である。その目的は不良在庫（特に量的面において）を排除することにある。対象は、生産連結度レベルⅠ類を満足する製品と、工程が深くかつ製品の個別性が強い製品である。ただし、後者については、中間仕掛品においてもその個別性が強く、セット作りされる必要があるものに限る。使用方法は図6-8に示す。サブ工程内は、タブレットにしたがって総量規制を行いながら、割り符に従って加工を行う。

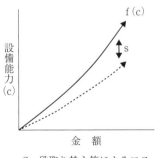
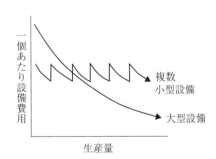

図 6-8　設備の能力と金額

6.3.3 セット引き取りについて

NPS の原則は後工程引き取りであるが、小ロット生産（1 個生産）であるので、セット引き取りが有効である。セット引き取りとは、組立に必要な部品全種類を、組立数の分だけ 1 セットで引き取ることであるが、これによって前工程の仕掛在庫の低減や、欠品の防止などが達成できる。さらに、組立工程では必要部品が全てそろっているので、作業が容易になる。

なお、引き取る際は、タブレットの記載内容と、引き取り品につけてある連番が一致していることを必ず確認しなければならない。

6.4　設備およびレイアウトに関して ─ 工程のハードウェア的連結 ─

生産の流動性を高めるためには、生産工程順に設備をレイアウトする必要がある。同時にその設備は、必要能力を満たし、かつ原価低減に寄与できるものでなければならない。ただし、ここでの原価とは企業全体に対するものであり、単に製造原価というわけではない。

6.4.1　設備の設計法

設備の能力（C）で発揮可能な生産量（P）は、次式で表される。

$$P = C - n \times \text{Set up Time}$$

その時の 1 個あたりの原価（Cost）は次のような関係で表される。

$$\text{Cost} = f_{(c)} \diagup P$$

つまり、いくら切り替え性をよくし、段取り替え時間を短縮しても、流動性の観点からは工程能力に見合った低価格の設備による方が、大型高性能設備よりも優れているのである。

設備の残存性を考えた場合は、汎用機を用いる方がより高まる。管理性を考えた場合（ラインとして）、連番を使用するのであるから、できるだけ間

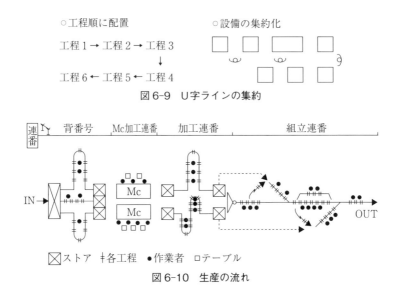

図6-9 U字ラインの集約

図6-10 生産の流れ

口を広くとる方がよい。

　結論として、NPSの設備設計の原則は、低価格、適性能力（必要能力を持つこと）、小型、汎用機を用いて、間口を広くとるということである。さらに、工程の一列化を図る場合、（一列化は流れ化に大きく寄与するのであるが）専用ラインを持つことが必要になるが、このときも設備設計の原則にのっとって、安価な汎用機によるラインを作る。専用ライン化が困難な場合、段取り替え時間を短縮することで、見かけ上の一列化は可能である。

6.4.2 レイアウトに関して

　NPSが持つレイアウトに関する原則は、第1に工程順の配置、第2に集約化（搬送距離の短縮化…離れ小島を無くす）、第3に大型、小型の混合設備配置である。

　次にNPSが指導するラインを図6-11に示し、そのレイアウトおよび手法を研究する。

第6章　NPSの生産システム　55

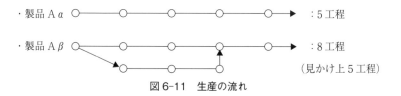

図6-11　生産の流れ

a. 平均需要サイクルに合わせたラインの層別編成

　　需要にもサイクルがあり、それに応じた編成がラインには必要である。そのためには、タクトタイム（必要数で決まる）とラインサイクルタイムの同一化を図らねばならない。これによって完成品在庫の排除が実現する。

b. 工程間のAB制御

　　AB制御の理論を工程間（特に大型工程間）に適用することによって、仕掛在庫の排除が実現する。

c. Mn－Mcシステムにおけるサブテーブル

　　Machine Timeの活用を狙う。作業者は、この間にサブテーブルで作業を行うことができる。

d. 組立部品のセット置き場

　　組立工程先頭にセット置き場を設けることにより、部品の過不足を無くすことができる。

e. 嫁入りライン

　　製品ごとの工数アンバランスに対して、補助的作業域を設定することによって、ラインバランスを向上させる。すなわち、同一平均需要サイクルを持つ同一カテゴリー品で、工数の多い品をライン外の作業者が受け持つことである。

f. 1ラインで多種生産

　　1ラインで多種の製品を作るための技法を、挿入工程を例にとって図6-12に示す。

g. 組立ラインと部品加工ラインの接続

　生産途上で部品加工指示を出し、かつ部品在庫を排除するために、部品加工ラインを、その部品が必要な工程を接点として組立ラインに接続する。

h. 異種工程のドッキング

　多工程持ちの範囲の拡大を意味す

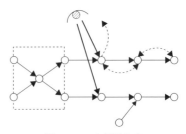

図6-12　多品種生産

る。同一作業者が異種工程をも通じて多工程持ち作業を行うことにより、工程間仕掛在庫を排除できる。

6.4.3　一列ライン化

　大量生産に欠かせない分業システムは、どうにもならないセクショナリズムを生んだ。そしてこのセクショナリズムの弊害は規模が大きくなるほど際だってくる。トヨタはこれを多能工による多工程持ちによって解決した。そしてNPSは、多工程持ちを異種工程間にまで拡大することによって、一列ライン化を図る。もちろんこれは設備およびレイアウトの工夫と同時に作業面での工夫（改善）によるものである。この一列ライン化はすなわち全工程が目に見えないコンベヤーベルトラインによってつながることを意味する。そして、それは在庫の消滅を意味するのである。

　もっとも、一列ライン化の達成には、前述した手法だけでは不足である。加えて、AB制御の理論の拡大も必要であれば、管理の問題もある。しかし最も必要なのは設備およびレイアウトの工夫であると言える。目に見えないコンベヤーベルトラインを設置するためには、目に見える範囲で少しでも、

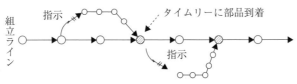

図6-13　部品ラインの組立

その姿に近づくことが必要なのである。

　NPSが唱える小型で安価な汎用機による専用ライン化は、この目に見えないラインを設置するためであるとも言える。大型高性能設備は、その目に見える効用とひき換えに、融通性、自由度、実ラインバランス効率といった点で失ってしまった機能も大きいという一面も持つのである。

6.5　生産リードタイムの短縮対策

　一般に生産活動を行う場合、よく見られる生産リードタイムの構造と、NPSの短縮対策を表6-2に示し、NPSにおける生産リードタイム短縮へのチャートを図6-14に示す。

　なお、生産リードタイムの短縮においては、連番を中心とした一連の管理システムが有効に作用していることは言うまでもない。生産の流れ化を達成するためには、順序管理、進度管理、総量規制などの管理システムの確立は必要不可欠のものである。

6.6　結　言

　NPSは、その基本をトヨタ生産方式においている。しかし、決して単なる異業種展開のうちにとどまってはいない。しかし、大野氏らがトヨタにおいて確立した、原価低減と生産の流動化の両立による高収益構造と、それに至る数々の手法はNPSにおいても確実に存在している。

　そこでNPSがトヨタと異なる点、と言うよりもむしろ進んでいる点は何かということを明らかにする必要がある。それは第1に、生産連結度レベルの概念である。トヨタが成し得なかった、と言うより意識することが少なかった「完成品ストアの排除」をNPSは目指し、すでに実現した工場も存在する。第2に管理の徹底化と全域化である。NPSでは部材段階から一連番号をふり、順序管理を徹底している。場合によっては、空加工指示をして

表6-2　生産リードタイムの構造と対策

名　称	停滞理由	NPSの対策
加工時間	作業者の未習熟 無駄な動作の過多 待ち時間の存在	・標準作業の確立と、それを基にした改善〈多能工〉 ・重複作業域の設定 ・レイアウトの工夫（多工程持ち） ・人と機械の分離（自働化）
段取り時間	段取り替えに時間がかかる	・段取り時間の短縮シングル ・ワンタッチ化 ・専用ライン化安価、小型な汎用機を用いて専用ライン化
ロット待ち時間	同一ロット内の一部品が加工されるまで、あるいは加工後、他の部品が加工されるのを待つ時間の存在	・1個単位、1個流し生産（小ロット化）
工程間仕掛り	異種工程間のラインバランス不良	・全工程通じての流れ化・ラインバランス効率の向上（作業者の持ち作業量） ・実ラインバランスの向上（重複作業域の設定）
製品在庫	売れ残り在庫 パーツアンバランス在庫	・生産の流れ化 ・生産リードタイム短縮 ・受注生産により無在庫化
資材在庫	資材の納入リードタイムが長い 資材加工をロット生産で行う	・資材の標準化・多数回少量納入システム化 ・外注かんばんを用いた引き取り・基本的に外注は行わない方針のもとで、内製化を進める。

でも管理を優先させている。それでもリードタイムの短縮は著しい。既存のシステムがいかに非能率的であったかがわかる。第3に設備に対する概念がある。NPS導入各社には、一見みすぼらしい手造りの設備が見られる。しかし、必要能力を満足する限り、原価が無に等しい設備こそ、その真価があるのではないだろうか。

　明らかに言えることは、NPSは確かにトヨタ生産方式をそのまま異業種展開したものではなく、より進歩していることである。しかし、逆に言えば、トヨタが忘れてしまったこと、あるいは進歩を止めたことを、再び取り上げて追究していると言えるのではないだろうか。その推進者はトヨタも

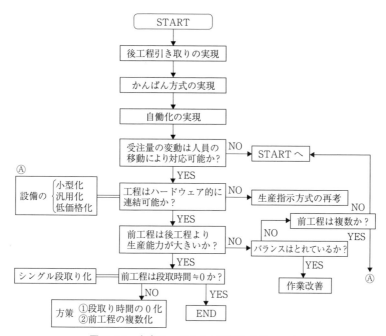

図6-14 生産リードタイム短縮へのチャート

NPSも同じ大野氏であり、鈴村氏であるからである。

6.7 章末資料

トヨタ生産方式とNPS

	トヨタ生産方式	NPS
管理体系	自律管理	←
順序管理	投入順＝ラインオフ順	計画時に決定して連番により指示、連番の順序は必ず保持される。
進度管理	かんばん	連番、タブレット、割り符
数量管理	かんばん	タブレット
情報頻度	かんばんごとに1回	1ステーションに1回 （連番はラインオフまで1個ごとについている）
ロットサイズ	組立工程　1個＝1ロット 部品段階　かんばん＝1ロット	1個＝1ロット （初期～終期連番管理）
在庫	標準手持ち＋システム外のかんばん量	標準手持ち （既に一工場で完全な一個生産化を実現し、完成品ストアの撤去に成功している。）
多工程持ち	各工程ごと	異種工程も通じて
生産連結度レベル	Ⅲ類	Ⅱ類→Ⅰ類

第7章
事例研究 ── NPS 導入企業における効果

7.1 序　言

NPS 研究会の会員企業は、調査時点在で 29 社を数えている。A 社のように営業面の問題が大きく、まだ厳しい状況の企業もあるが、その他は、いずれも急速に業績向上を遂げ、あるいは再建している。その中から数社を取りあげ、NPS 導入の効果を研究する。

7.2　H 社の場合

H 社は、構造不況業種と言われる軽金属業界の大手である N 社のグループ企業である。H 社は、アルミ建材を代表製品として軽金属の鋳造・圧延加工を行う企業である。H 社では、自社の NPS 活動を H.I.P.S と名付け、昭和56 年から導入している（正式入会は昭和 57 年 9 月）。

H.I.P.S の歩みを示す。

なお、H.I.P.S では、改善テーマおよび改善内容をすでに決定している。第 1 のテーマは工場を流れにすることで、全面後補充方式にすることなどにしている。第 2 のテーマは順序で作り、会社の効率を上げることで、1 個単位の混合生産を行うことなどにしている。第 3 のテーマは注文を受けてから造り納品することで、リードタイムの徹底的短縮をしている。リードタイムについては、製造リードタイムを 2 日、総リードタイム（注文から納入まで）を 4 日にすることを目標としている。H.I.P.S における最大の効果は、外注加工費の低減と、製品および部品在庫の減少が著しいことであるが、これには有効スペース拡大による内製化や総量規制の手法など、多くの改善が

表7-1　H．Ｉ．P.Sの歩み

	改善テーマおよび改善内容	効　果
初年度 3月 〜	テーマ：押出皮膜部門の省人化と外注内製化の推進。	押出皮膜部門効率 　　　27％アップ 外注加工費削減 　4億8,000万円／年 アルミ仕掛在庫削減 　2億9,000万円
初年 年 6月 〜	テーマ：工程内を流れにする。 改善内容 ・多工程持ち…切断、加工、部品付、梱包工程間を継ぐ。 ・段取り替え短縮…内段取りを外段取りに移し、内段取りの作業順序を決定。金型ストロークを統一し、専用道具を作成。 ・離れ小島の排除…別建て屋加工ラインをメインライン建屋に移設。 ・購入部品の総量規制…短納期共通、大量使用部品について定位置を決め、購入単位を定め総量規制。	押出皮膜部門効率 　　　21％アップ 加工部門効率 　　　15％アップ アルミ仕掛在庫削減 　5億9,000万円 部品在庫削減 　　　4,900万円 外注加工費削減 　4億9,000万円／年
次年度 1月 〜	テーマ：セットで物を造る。 改善内容 ・セット生産のライン造り…1部材単位のラインから、1セット単位のラインへ変更。 ・ながら化…人の仕事と機械の仕事に分け、機械の仕事をながらにした。 ・メインラインとサブラインのタイミング合わせ…単部材自動加工完了品をセットストアに置き、そのセットストアを縮小させていった。 ・段取り替え短縮…目盛合わせからブロックゲージへ。型、治工具を「読んで取る」から「見て取る」へ、また、上下移動から水平移動へ。	アルミ仕掛在庫削減 　1億4,600万円 加工部門効率 　　　13％アップ 有効スペース拡大 　　　2,000m² 外注加工費削減 　1億4,600万円／年
次々年度 1月 〜	テーマ：小さい単位で物を造る。 改善内容 ・助け合いが出来、必要数の変動に強いライン作り。…ライン内のシュート台などの障害物を撤去。 ・素材、部品供給の改善…収容単位の縮小、ライン内部品の削減により部品の定量供給を行い、ライン内の例外作業を排除。 ・品質保証ライン作り…加工1単位ごとにポカヨケを設置。 ・段取り替え短縮…単部材自動加工機の可動率向上のために保全の仕組み作りを行う。 ・小ロット混合生産モデルライン作り…ラインの後にストアを作り、後工程引きにした。	有効スペース拡大 　　　1,700m² 部品在庫削減 　1億4,400万円 外注加工費削減 　　　5,700万円

第7章 事例研究 — NPS導入企業における効果　63

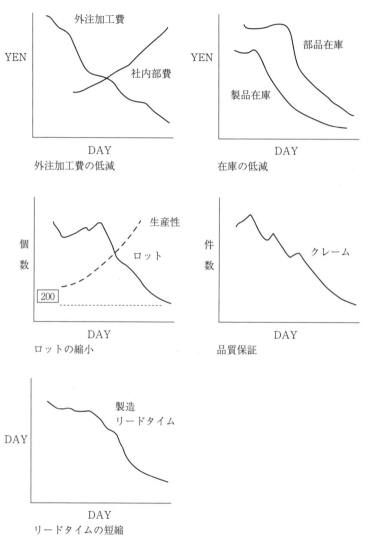

図7-1　H.I.P.Sの効果

有機的に作用している。同時にリードタイムも、その目標を2日（製造リードタイム）におくところまで短縮している。ただし、NPS指導員は、後に述べるY社以外は「幼稚園」か「小学生」程度だと言っている。すなわちH社も、まだこれからという段階であるのだが、現時点においてもNPS導入の効果は目ざましい。

7.3 Y社の場合

Y社は資本金113億5,700万円、売上高1,390億円、従業員5,500名であり、工業計器等の製造を行う企業である。Y社はH.D社を合併している。Y社では、自社のNPS活動をニップス（NPS）と名付け、昭和56年4月に入会している。Y社のK工場はNPS会員企業の中にあって初めての「中学生」と称され、会員企業各社の当面目指すべき工場の姿とされている。

Y社のNPSの効果を見る。なお、図7-2はY社K工場の受注から出荷までの流れを示す略図である。

表7-2　実績比較表（比率による）

	3月期 （NPS開始前）	3月期 （開始後4年）
生産高	1	1.3
従業員数	1	0.9
労働生産性	1	1.5
原価比率	1	0.7
在庫	1	0.5
スペース生産性	1	1.7
リードタイム	2か月	3日

第7章　事例研究 — NPS導入企業における効果　65

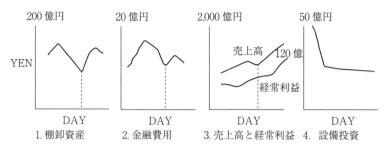

注記：1～3について、点線で示される時期は、H.D社を合併した昭和58年4月を示す。4については旧Y社側についてのみのものである。

図7-2　NPSの効果

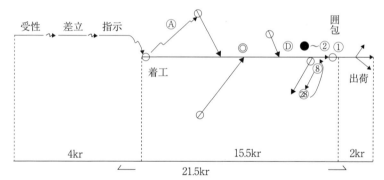

○完全な1個流れ
○完全な同期化

注配：番号フダの順に生産が終了する。番号フダは1日で一回りして元へもどる。（番号フダ＝連番）
：Ⓐ リードタイムに合わせて着工フダのNo.によってタイミングをとる。

図7-3　Y社K工場略図（受注～出荷）

7.4 W社の場合

　W社は、現在、資本金9億2,000万円、売上高1,207億円、従業員2,163名であり、婦人服等の製造を行う企業である。アパレル産業においても、特にファッション色が強い分野にある。W社は昭和58年11月に入会している。

　この業界は、流行の波に左右されやすく、またブランド・イメージが重要であり、製品在庫は持たない方が望ましい。それは、利益を左右するものが最終見切り商品数であることからも明らかである。過剰な製品在庫は経営を圧迫するばかりでなく、その処分はブランド・イメージの失墜につながる。こういった企業環境を考えると、NPSの導入は非常に有効であると思われる。では、W社におけるNPS導入の効果を見てみよう。

　W社にとって、最大の効果は製品在庫の激減による処分品（売れ残り最終見切り品）の排除である。現在のW社の利益は、同業他社に比べ倍以上とずば抜けており、確固たるブランド・イメージを持つ。小売店における流

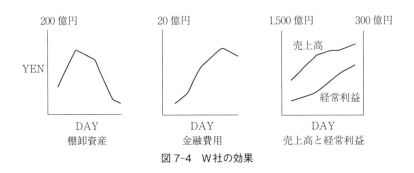

図7-4　W社の効果

表7-3　実績比較表

	入会前	現在
リードタイム	1か月	1日
ロットサイズ	数千	1～30

通在庫も激減し、「W神話」なるものが小売店でささやかれているという。
　現場改善のポイントは、多能工化して1人が1着を完成するまでにしたことである。このため、ミシンの速度は低下したものの、リードタイムは飛躍的に短縮したのである。

7.5　I社の場合

　I社は現在で、資本金5億円、売上高90億円、従業員383名であり、継手およびバルブ等の製造を行う企業である。I社では、自社のNPS活動をNIPSと名付け、昭和57年12月に入会している。NIPSの効果で特に著しいのは設備に関してである。図7-5のような設備がその典型であり、この制作

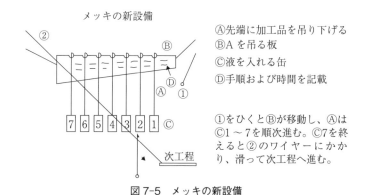

図7-5　メッキの新設備

表7-4　実績比較表

	開始時 （NIPS開始前）	2年後	3年後
資本回転率（比率）	100	86	87
生産高（比率）	100	86	96
1人当たり生産性（比率）	100	—	140
在庫	12億円	8億5,000万円	8億2,000万円
ロットサイズ	10,000	—	1,000
内製率		45%	55%

費は0に近い。また、段取り替え時間は通常8～24時間であった独製転造機で、18分にまで短縮し、目標を3分としている。

NIPSの改善の一例を示す。

・テーマ　リードタイムの短縮（3時間 → 10分）

　　　（副）段取り替え時間の短縮（5分57秒 → 1分46秒）

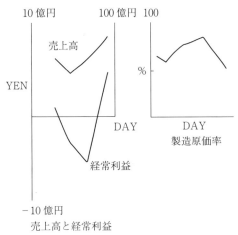

図7-6　NISPの効果

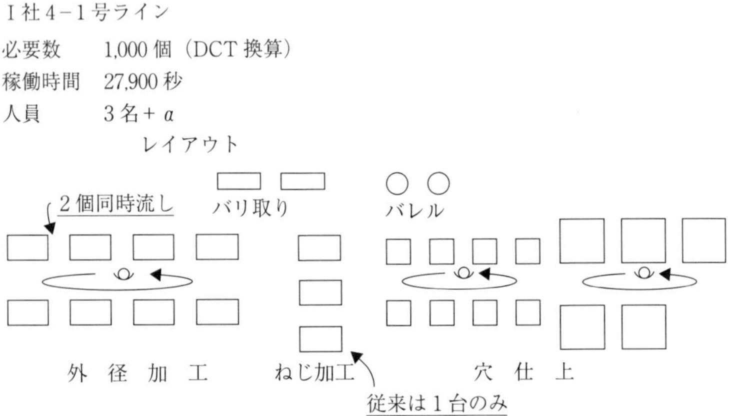

I社4-1号ライン
必要数　　1,000個（DCT換算）
稼働時間　27,900秒
人員　　　3名 + a

図7-7　生産ライン

7.6 生産システムの実例

　C社を例にとり、NPS会員企業の実際の生産システムを示す。C社は現在、資本金30億2,700万円、売上高125億円、従業員320名であり、コインメカニズム業界において首位に立つ企業である。C社は自社のNPS活動をCPSと名付け、昭和57年12月に入会している。

　図7-8はC社の4年間の実績を示すものである。C社は現在1ラインで25種類の製品を生産している。もちろん全て混流生産であり、故障および不良などに対する再生ライン（流動3日間）も用いている。CPSにおける最大の問題は、在庫が思うように減らなかったことであるが、これは外注の内製化を行い得なかったことに原因があり、昭和60年度からは、付加価値の高い少量使用品を徐々に内製化している。その効果は間もなく表れてくるはずである。

　CPSの歩みを表7-5に示す。

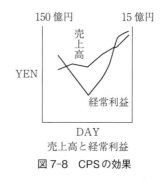

図7-8　CPSの効果

表7-5　CPSの歩み

	開始時	2年後
受注情報 －（出荷指示） 　国内	1か月計画 　　－10日単位見直し	1か月計画－10日単位見直し 　　－1日単位3日先の決定情報 　　－変更随時（1台単位）
輸出	1か月単位計画	1か月計画－週単位販売情報
生産着工決定 　国内	・後補充生産	出荷順序による生産 （連番、1日単位の平準化）
	・計画生産	後補充（単位）生産
輸出	計画生産	後補充生産（現地販売情報による）
運送 　部品引き取り	かんばん　　5% 指示納入　95%	かんばん（含連番）　86% 指示納入　　　　　　14%
引取便 　部品支給 　NPS共同輸送	0ルート0社 無償支給（計画） 無	2ルート　　　　　　13社 有償支給（協力工場のかんばん） 部品支給　NPS東北便 Assy引取り　同上 製品　NPS名古屋便
輸出	1か月に1回	1か月に4回
生産 　部品供給 　ペースメーカー 　混合生産	後補充＋順序引取り 1ライン（ポイント） ・1台単位－1ライン ・小ロット	セット供給＋順序引取り 全ライン（サイクル送り） 全ライン1台単位
部品内製化	無	モーター　　　　日当1,200 近接スイッチ　日当400
付録 次年度の目標	次年度予定 新工場建設	1. モデルラインの拡大 2. 内製化の拡大 3. 開発力の充実（3年計画） 4. 急減産に対応できるシステム作り 5. 品質の問題解決

第7章 事例研究 — NPS導入企業における効果 71

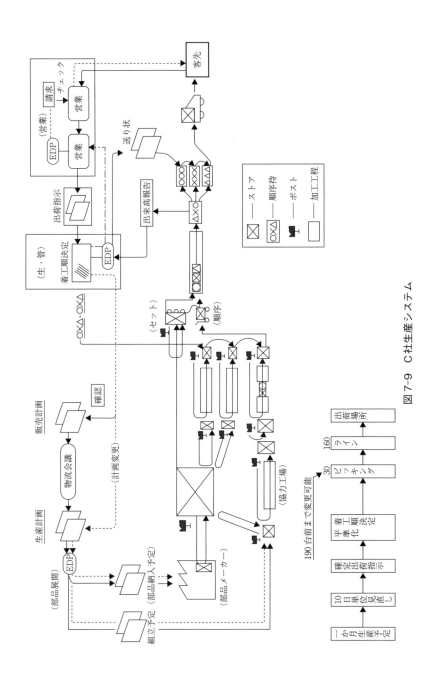

図7-9 C社生産システム

7.7　他業種への展開

NPSは、一般製造業に限って効果があるというわけではない。ここでは、外食産業のS社、建設業のM社、印刷業のA社をとりあげ（表7-8）、NPSの有効度を見る。

7.8　NPSを導入した場合の典型的推移

K社を例にとって、NPSを導入した場合の推移を研究する。K社は現在、資本金6億4,000万円、売上高101億円、従業員416名であり、電気機器（主に配電盤）を製造する企業である。K社は自社のNPS活動をKCDと名付け、昭和58年1月に入会している。

実績推移にみるNPS導入後の推移

K社は、業績悪化 → NPS導入という典型的な例であり、その推移もまた会員企業各社に見られるものである。NPSを導入すると、その初期においては減収減益となり、生産現場に混乱が起こる。それから後、最低の業績まで悪化する。この時には、従業員の自主退職（主として管理者層）が多くなることがある。しかしその後は減収ながらも増益に転じる。このころから、生産現場はスムーズになり、残業等も激減する。赤字から脱した後の業績向上は目ざましいものである。この間、生産性は急速に向上している。

こうした推移を、NPS導入後の典型として見ることができる。NPS導入後、最も注意すべきは後戻りしないこと、すなわち改善を怠らないことである。NPSにゴールはないのだから。

第7章　事例研究 ― NPS導入企業における効果　73

表7-6　他業種への展開

社　名	S	M	A
業　種	外食産業	建設業	印刷業
製　品	各種飲食物	プレハブ住宅等	株券等各種
資本金	14億2,500万円	43億9,700万円	48億円
売上高	728億500万円	1,262億円	16億円
従業員	2,211名	1,158名	120名
企業環境	・鮮度 ・チェーン店の増大に伴う輸送問題。 ・客席効率	・住宅は一生に一度の買い物。 ・時間がたてばたつ程、仕様変更が相次ぐ。	・納期は絶対的。 ・訂正が多い。 ・不良（印刷ミス）は許されない。
入会時期	昭和56年12月	昭和59年9月	昭和58年1月
業績推移	1,000億円　　　100億円 売上高 経常利益	1,200億円　　　100億円 売上高 経常利益	
効　果	在庫　1ヶ月 　　　⇒10日 ロットサイズ 　400人分⇒20人分 （セントラル・キッチン） ・自動倉庫が空になった。（入会三ヶ月後） ・接客サービスの向上（かんばんの店内導入） ・設備投資減（入会前の増設予定が、現在は既存のままで余裕スペースがある）	生産性　2倍 在庫　23億円 　　　⇒11億円 ロットサイズ　数百 　　　⇒5 （以上M工場） リードタイム1ヶ月 　　　⇒1日 ・工場内の各所に空地ができた。 ・リードタイム短縮による仕様変更の減少。 ・設備投資減10億円以上 　　　⇒3億円前後 ・一工場で、従来の5倍の種類を生産できる。	リードタイム 　⇒半分に （急を要する場合は1日で処理可能） ・料金体系の変化 　従来　0～5,000部 　　5,000～10,000部 　　10,000部以上 　現在　統一価格幅の拡大を進める

改善のポイント	・ジャスト・イン・タイムに調理する。 　（数人分まとめ調理から手鍋による1人分調理へ） ・流通 ・直送システムで鮮度を保つ ・セントラルキッチン・自動倉庫による量産思考をすてる ・輸送経路の再整備	・大型設備の撤廃 ・在庫の排除 　韓国輸出プラント 　　見積もり投資額 　　　50億円 　NPSの指導により実施 　　　18億円 　　　↓	・印刷業は完全に受注生産であるから在庫は0にする。 ・リードタイム短縮は、印刷業においては特に強力な武器になる。 ・段取り替え時間短縮 ・ラインバランス効率の向上

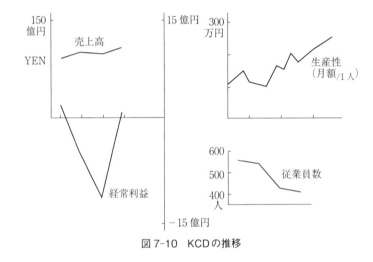

図7-10　KCDの推移

第7章 事例研究 — NPS導入企業における効果　*75*

表7-7　KCDの歩み

	出 来 事	内 容
初年3月 　10月	最終赤字　7,300万円 NPSとの出会い…Y社見学 ・工場の整理整頓 ・分電盤組立のライン化	〈リードタイムこの時60日〉 11tトラック18台分を撤去。
1年目3月	経常赤字6億1,500万円 ・8か所に分散していた事務所を一か所 　（工場）に集める。 ・工場全体のライン化 ・かんばんによる在庫管理 ・工程間のタイミング取り	
2年目3月	経常赤字12億6,000万円 ・作業改善−サイクルタイム ・工数低減のための現場改善 ・自働化の推進 ・全員参加の体質作り ・連番管理の導入	
3年目3月	経常利益1億4,300万円 社長「我々は赤字体質を完全に脱却した」。 社員「社内の表情が目に見えて明るくなっ 　　た」。	残業1／3に。 リードタイムは3日に。 工場1,500坪あいたまま。

7.9　結　言

　NPS会員企業各社は、いずれも飛躍的に業績を向上させていた。しかしそのいずれもが、まだNPSの理想の一部を実現したに過ぎない。「初の中学生誕生」と鈴村委員長が言われたY社においても、ただ一つの工場が到達しただけで、他の工場および他社はまだ「幼稚園から小学生」というレベルでしかない。しかし、この段階でも、有効スペース、リードタイム、在庫、生産性、外注費、利益率は著しく良くなっている。これがさらに進歩し、完全にNPSの理想を実現したならば、その効果は図り知れないものになるのではないだろうか。もちろん、何においてもそうであるが、ある程度までの向上は比較的容易である。しかし、頂点を極めるのは至難の技であり、それはNPSにもあてはまるはずである。大野耐一氏が言うには、「トヨタ生産方

式を実践する場合は、いい指導者がいないとむずかしい。迷いと混乱に悩まされるだけになることもある。しかし、指導者に恵まれると、グングン伸びる」ということである。この言葉が指す「いい指導者」は、まさにNPS指導員の方々である。そして、鈴村氏の言う「小学生」とは、トヨタ生産方式を完全に学んだことを、そして実践したことを指すのではないだろうか。すなわちY社＝中学生は、すでにトヨタ生産方式を超えたのではないだろうか。第4章で述べたⅡ類、これはすなわちトヨタ生産方式より進歩することを意味する。そしてⅡ類を実践したのがY社K工場なのである。

　本研究調査からずいぶん日もたち、現在のNPSの姿には筆者はNPSのホームページ等で推測することしかできないが、その改善に対する執着、1業1社に限ったことからくる連帯感、その思想の合理性は必ず理想の実現につながるはずである。

表7-8　巡回研究会のテーマと流れ

Gr	前回巡研テーマと目標	巡研時及び巡研後に実施したこと	今後更に進めたいこと	今回巡研テーマと目標
A	テ：工場全体の順序生産 目：メインラインの進捗に合せて、各工程が連動する仕組み作り	・巡研時、1号組立ラインをモデルに、組立て・加工連番背番号の流れを作った。 ・その後、2.3.4.5.の順に、手順書を整備し、各ステップ毎に作業指示を出し、連番通りに仕事ができるようにしていった。	・1台分セット単位の動きになっているので、早すぎや、大波・小波が起こり、タイミングが合っておらず、変化への対応もにぶい。 ・そこで、総組自体の進捗（ステップ）に合せ、寸前まで引きつけて、各工程へ連番、着工情報を出したい。	テ：工場全体のきめ細かな順序生産の仕組み作り。 目：きめ細かな情報作成のラインを作り上げる。
B	テ：総組行程とサブライとの同期化 目：進行係を使わずに、部品を同期化させる　進行係　3人→0	・巡研時、1号組立ラインをモデルに割符を発行し、タイミング合せをした。（進行3人→2人） ・その後、全ラインに拡大し、現状進行　1号組立と2号組立を混同した。 ・CO/GHUm.CNC52B（新2号）内製化した。	・総組までのラインは一通りできたが、納入、以降のラインの一本化を行いたい。 ・また、メインライン（出荷ライン）とサブライン（出荷予告、車両手配等）のタイミングを合せたい。 ・最終塗装を部品塗装まで終らせたい。	テ：立会日設定から、検収までの仕組み作り。 目：メインラインとサブラインとのタイミング合せ。
C (前回D)	テ：社内行程に同期した、組材、納入、手配、供給の仕組み作り 目：組材セット 10→5　購入品セット 10→5	・巡研時、1号組立ラインの組材10→6、購入品10→7とした。 ・その後、タイミング合せの改善をし、組材6→5、購入品7→4とした。また、セット場へ入れる物を拡大し、ストア化をした。 ・部品回収については、大物、小物部品、板金類のセット納入、巡回回収を拡大した。	・部品手配着工信号から、納入までのリードタイムがまだ長い。 ・これについて、設計も含めた手配ラインを作り、リードタイムの短縮をはかり、欠品をなくし在庫をさらにへらそうとしてきた。 ・しかし、まだ流れができていないので、今後さらに改善を進めてゆきたい。	テ：手配ラインの流れ作り。 目：部品手配着工信号が上がってから納入指示完了までのリードタイムを2Hにする。
D (前回C)	テ：組立に対する加工の同期化 目：進行係を使わず、加工を組立に同期化させる。進行係 2人→0	・巡研時、BG.PL工程の改善と、SPケース加工工程のサブテーブルを作り、その後、PL.PM工程の作業改善を行なった。現状 進行0人 ・COGHの加工、SBのBG内製化した。 ・進捗管理板を移動ステップについけた。	・1台分セット単位の動きになっていると、正味時間の大きい物がくると、なかなか抜けずタイミングが合わない。 ・そこで、総組自体の進捗（ステップ）に合せ、分割してタイミングよく供給したい。 ・また、加工リードタイムを縮めるため、外投取（加工専用図刃具・冶具セット揃え）作業を外したい。	今回の巡研テーマとせず、当工場でさらに、改善を進めていく。

巡回研究会記録

	9月26日〜9月27日		
Gr	A	対象工程	連番管理
テーマ	工場全体のきめ細かな順序生産の仕組作り		
目　標	きめ細やかな情報作成のラインを作り上げる		
項目	1. 連番構成の改善 2. 工程間の物、情報の流れの改善 3. セット場の見直・改善 4. 連番ラインの改善		
前後工程			

	9月26日〜9月27日		
Gr	B	対象工程	連番管理
テーマ	立会日設定から検収までの仕組作り		
目　標	メインラインとサブラインのタイミング合せ		
項目	1. 出荷日設定（出荷ラインへの投入順） 2. 立会日設定 3. PA着工順 4. 付属品品揃え 5. 車・車両手配等サブライン 6. 連番ラインへの組込み		
前後工程			

	9月26日〜9月27日		
Gr	B	対象工程	連番管理
テーマ	手配ラインの流れ作り		
目　標	手配着工から、納入指示完までのL/Tを2Hとする。 ライン外作業の取込み		
項目	1. 設計の着工指示と総量規制 2. 手配ラインの着工信号 3. 仕掛数の低減 4. 納入進捗工程の改善（予告）、と納入指示 5. 引き取り情報の出し方（もってくるメーカー，とってくるメーカー）		
前後工程			

第8章

実際の写真例

8.1 トヨタ生産方式全般

からくり（ながらプレス）

からくり（ボール盤）

からくり（動力源）

からくり（ボール盤）

かんばん（ミシンの信号かんばん）

かんばん（の実物）

かんばんの回収

かんばんポスト

かんばん三角

シェルマシン（設備の小型化）

スプリング工程の集約1

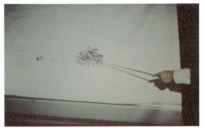
スプリング工程の集約2

スプリング工程の集約3

バトンタッチ1（アイロン）

第 8 章　実際の写真例　　81

バトンタッチ1（アイロン）

バトンタッチ2（アイロン）

ポカヨケ（ドリル不良・ピストン油孔）

ポカヨケ（ピストンリング）

ポカヨケ（ピストン孔加工）

ポカヨケ（プッシュ欠品防止）

ポカヨケ（ポール穴加工）

ポカヨケ（ミション組立・工程順）

メッキと組立の集約

工程の集約（ダイキャストとショットブラスト）

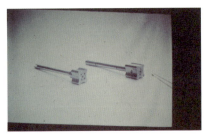
工程の集約（ロータ組み付け1）

工程の集約（ロータ組み付け2）

工程の集約（ロータ組み付け3）

工程の集約（鋳造）

工程の集約（塗装）

工程の集約（機械加工）

第8章　実際の写真例　83

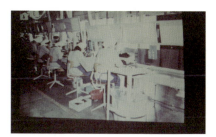
工程間仕掛（コンベア組立）

工程集約（1人3工程へ）

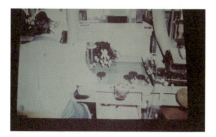
在庫のムダ（コンベア前）

自働化（AB制御）

自働化（異常停止）

自働化（工具寿命検知）1

自働化（工具寿命検知）1

自働化（鋳物巣検知）2

脂成形メッキの集約（工程集約）

小型ショットブラスト（設備の小型化）

小型洗浄機（設備の小型化）

整理・整頓

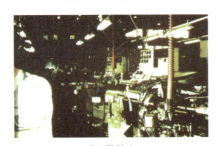
多工程持ち

多工程持ち

段取り替え（ガイド付き）

段取り替え（プレス1）

第8章 実際の写真例　85

段取り替え（プレス2）

段取り替え（ホイストに2個）

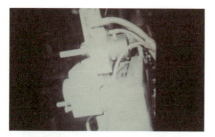
段取り替え（研磨盤のテンプレート）

段取り替え（歯車交換3）

段取り替え（刃具交換）

鋳造工程の工程集約（模型）

熱処理の混載（平準化）

目で見る管理（定量供給）

目で見る管理

8.2 Z 社の場合

洗浄装置

納入倉庫

加工工程

加工

第 8 章 実際の写真例　87

納入倉庫

部材ストア

加工

納入倉庫空き

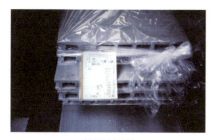
部材納入表

部材納入表

部品加工

加工工程

加工工程

加工工程

資材投入

資材投入

資材加工

資材加工

納入倉庫

納入倉庫

原料移送

8.3　H社の場合

加工工程

部品ストア

部品ストア

整理整頓

小型メッキ

メッキと加工の多工程持ち

8.4　K社の場合

生産指示表

整理整頓

定量分配

工作機械

第8章　実際の写真例　91

プレス加工

整理整頓

資材置き場

かんばん置場

治具移動

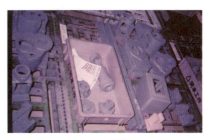
セット供給

セット置場

機械加工

多工程持ち

連番表

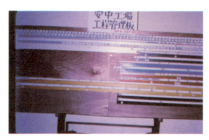
工程管理版

定置型サイクル作業

加工指示

部品セット置場

嫁入りライン

セット供給

第8章　実際の写真例　93

機械加工

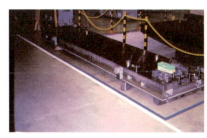
2人1機械作業

1人1機械作業

整理整頓

整理整頓

8.5 C 社の場合

生産指示版

月次目標

レイアウト図

ピッキング

生産指示

かんばん置き場

第8章　実際の写真例　95

生産計画

生産計画

立ち作業

セット供給

セット供給

セット供給

部品置場

ピッキング

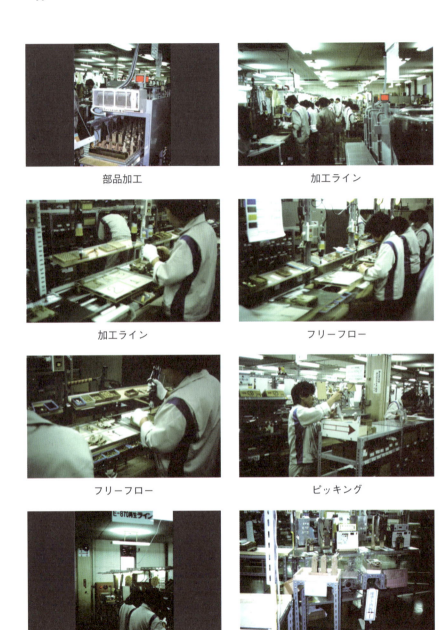

第8章　実際の写真例　　97

備品置場

機械ライン

機械ライン

機械ライン

セット供給

ストア

部品置き場

NPS指導

完成品置場

工具整備

組立ライン

組立ライン

セット供給

部品供給

組立指示表

部品ピッキング

第 8 章　実際の写真例　99

再生指示

再生ライン

部品供給

部品置場

休止ライン

検査装置

第9章

結　論

　本著はトヨタ生産方式の異業種展開というテーマのもとで、各生産管理手法の検討、創成期のNPSの生産システムを主に研究、考察を行ってきた。その結果得られた結論は以下のとおりである。

　本著では、

(1)　生産システムのあり方について検討した。

(2)　現代の代表的な生産システムに比較検討した。

(3)　創成期のNPSに実際に研究会等に参加し、体系化・理論化を行った。

その結果、NPSについては

1)　NPSは単なる製造技術ではなく、徹底した需要対応を目指したマーケットに至るまでの経営システムである。

2)　NPSはトヨタ生産方式を基本に異業種展開の中で進展したものであり、NPSの生産システムとトヨタ生産方式には、共通点が数多く見られる。

3)　NPSはトヨタ生産方式より各業種に適応したものであり、それは連番管理等に代表されるように、より徹底した理想の追求によるものである。

4)　NPSは一般製造業ばかりでなく、第一次産業や第三次産業に及ぶまでその効果を発揮し得るものである。

5)　NPSはトヨタ生産方式の異業種展開の一例であり、他の多くのコンサルタント等により、トヨタ生産方式が展開されている中で異色をはなっている。

　NPSの真価は生産リードタイムの短縮によって、需要対応型の生産システムを作り上げたことにあると言えるであろう。それによりもたらされる高流動化生産は、原価低減の努力とあいまって企業を高収益構造へと変身させるもので、その有効性は極めて高いものである。また、日本の国民性を熟知

し、長所を利用し短所を抑制した高度な日本的システムであると言える。日本人は農耕民族の子孫であり、かつて貯蔵を重視したのと同じ在庫を好む一面があると大野氏は述べていた。また、集団意識という重要な価値観と帰属意識を併せ持つ。全員参加による一連の手法は、日本人による生産システムにおいて、全て有効に作用していると言っても過言ではない。

　一般に生産システムの選択にあたっては、コストと共に部品点数の問題も存在する。トヨタにおける自動車の部品点数は約3万点であり、結果的にこの数字は「かんばん」を用いた自律管理に適していると言われる。例えば部品点数が10万点程度にも達するのであれば、現在では中央集中管理体制が適しているであろう。また、数千点程度であれば、管理体制を考えると同時に、コストメリットだけを追求するならば低賃金の発展途上国において生産するのも事も進んでおり、現地生産による海外展開も進んでいる。NPSは、徹底した需要対応、短リードタイムにより、こうした問題を打破しつつあると言える。

　NPSは、ジャスト・イン・タイムを原理とした高流動化生産を、外注から自企業そしてマーケットに至るまでの止まることなき高水準実現を目指して多くの業種に展開中である。すでに、一般製造業に限らず効果があることを立証しつつある。NPSが製造業のみならず、第一次、第三次産業に至るまで広く伝播するとき、わが国の物的、サービス的生産に与える社会的効果は、計り知れないものとなるであろう。

　本著では、NPSの初期の時期おけるトヨタ生産方式の異業種展開について、実際に研究会等に鈴村氏と実践委員、各企業の担当者と寝食を共にして体験し、研究した結果をまとめたものである。NPS自身も、大野耐一氏、鈴村喜久男氏等、当初の実践委員も亡くなった。

　しかし、NPSは現在も存在し、会員企業も変わりもあり、各氏の薫陶を受けた委員が活動を続けている。

　今後もさらに発展していくものと考える。

おわりに

　筆者が名古屋に生まれ、名古屋工業大学経営工学科に在籍し、熊谷智徳教授の下で助手として研究したのは他の研究者と特に変わったことではない。

　しかし、名古屋工業大学が、トヨタと強いつながりを持ち、先輩から多くの資料を得たことは幸運であった。

　大野耐一氏は、大学の研究者を理論ばかりを言っていて、実践に結びつかないと遠ざけたが、熊谷智徳教授も実践者として研究を進めており、大野氏の唯一の親しい研究者であった、

　大野氏は部下には大変厳しい指導者であったが、熊谷智徳教授の助手としての私には、さまざまな疑問に答え、お教えをうかがうことが多くあった。若年の筆者が大野氏の偉大さを本当に理解するところとなったのは私自身が年齢を重ねた結果である。

　鈴村氏は、NPS研究会を立ち上げトヨタ生産方式の異業種展開に乗り出した。秘密結社とも言われ、1業種1社の活動を始めた。鈴村氏に熊谷教授が2泊3日の各社の巡回研究会に招待されたのは、その理論化を期待したためであろう。筆者も2年間に渡り同行し、年6回の研究会に参加した。経緯は順次、報告書としてまとめていった。

　NPSについては、一般には各種雑誌・書籍等も発行されたが理念、インタビューが中心で、生産管理技法はなぞのままであった。

　筆者は鈴村氏より書籍として、NPSの根本的理論、具体的手法を残すことを依頼された。ここで、今回まとめたことは、ずいぶん時間がかかったがやっと約束を果たしたと肩の荷がおりた感が深い。

　NPSは、大野氏、鈴村氏も亡くなられたが、氏の下で研鑽を積まれた各委員が現在でも活躍しており、活動も進化しているものと考えるが、あくまでも本書は、鈴村氏や大野氏など実践委員と寝食を共に巡回研究会を過ごした時期のNPSの姿であり、現在のNPSとは関連していないことは特に付記しておく。

トヨタ生産方式は現在では、中部空港の運営など公共性の強い産業や、農業などあらゆる産業で展開が図られている。

　筆者は、トヨタ生産方式について研究を進め数々の著書や論文発表してきた。

　本書は、自分の業種ではトヨタ生産方式は無理だと思っていても、興味を持つすべての業種の読者の一助となれば幸いである。

　最後に、本著の出版に尽力された、大学教育出版、佐藤守社長、校正に尽力した妻 操、支えてくれた父 章、母 延子に深謝するしだいである。

　2015 年 3 月

熊澤光正

参考文献

1．『現代生産管理論』小川英次著　金原出版株式会社（1982）
2．『MRPによる生産管理』Oliver W. Wight著　吉谷隆一訳　日刊工業新聞社（1985）
3．『フレキシブル生産システム』伊東　誼／岩田一明著　日刊工業新聞社（1984）
4．『トヨタシステム』門田安弘著　講談社（1985）
5．『実践トヨタカンバン方式』関根憲一著　日刊工業新聞社
6．『トヨタ高収益構造の解明』梶原一明著　産業能率大学出版部
7．『工場管理vol.31 No.5』"トヨタ生産方式の本質を探る"名古屋工業大学　熊谷智徳教授　日刊工業新聞社
8．熊谷智徳『will 9月特別号』"NPSはジャスト・イン・タイムを原理とした高流動化生産"、中央公論社
9．熊谷智徳、熊澤光正："市場需要ロットの少量化動向と生産システムの対応"『昭和61年度日本経営工学会秋期研究発表予稿集』pp.66-68、（1986）
10．眞嶋一郎："「NPS」で生産革命を推進する横河北辰電機"、『工場管理，Vol.32，No.6』pp.58-69，（1985）
11．熊澤光正："トヨタ生産方式でアパレル経営を展開するシンガポール社"、『工場管理，Vol.31，No.5』pp.133-140、（1985）
12．小川英次：『現代生産管理論 増補改訂第2版』金原出版
13．Oliver W.Wight 吉谷龍一訳：『MRPによる生産管理』日刊工業新聞社
14．大野耐一：『トヨタ生産方式』ダイヤモンド社（1978）
15．関根憲一：『トヨタ高収益の解明』産業能率大学出版部
16．新郷重夫：『トヨタ生産方式のIE的考察』日刊工業新聞社（1980）
17．篠原　勲："NPSの奇跡"、週刊東洋経済（1985）
18．篠原　勲："NPS研究会のベールを剥ぐ"、週刊東洋経済 60/7/6，pp.60-64，（1985）
19．篠原　勲："驚異の生産革命NPSの秘密"、週刊東洋経済 60/7/13，pp.86-92，（1985）
20．篠原　勲："不滅の企業づくりNPSの神髄"、週刊東洋経済 60/7/20，pp.52-55，（1985）
21．篠原　勲："NPS不滅の経営"、週刊東洋経済（1989）
22．週刊東洋経済："NPS経営の驚異"、週刊東洋経済 1989.8.12-19，pp.8-23，（1989）
23．週刊東洋経済："NPS経営の驚異PARTⅡ"、週刊東洋経済 1989.8.26，pp.48-53，（1989）
24．高橋　功："NPS革命"『will 1985 9月特別号』pp.153-168，（1985）

その他

NPS研究会『NEW　PRODUCTON　SYSTEM　標準作業手引書』（1974）未刊行

各企業の調査報告書　未刊行

索　引

【A〜U】

AB 制御　*31, 55*

A パターン　*4*

B パターン　*4*

DNC　*12*

FMS　*12*

MRP　*8, 9*

NPS 研究会　*20*

U 字型ライン　*38*

【あ行】

後工程引き取り　*24*

異種工程のドッキング　*56*

Ⅰ類　*26*

一個で造る　*25*

内段取り　*33*

売上高利益率　*1*

大野耐一　*29*

【か行】

可動率　*23*

稼働率　*23*

かんばん　*14, 24, 30, 36*

かんばん方式　*29*

管理系　*5*

機会損失　*25*

経営資本回転率　*12*

経営資本利益率　*1*

原価管理　*3*

原価主義　*3*

原価減低　*1*

工数低減　*47*

工程系　*5*

コスト　*22*

コンピュータ　*8*

【さ行】

サイクルタイム　*35*

作業系　*5*

作業順序　*35*

作業設計　*44*

Ⅲ類　*26*

仕掛品在庫　*48*

質　*22*

自働化　*14*

自働機　*31*

自動システム保全機能　*12*

自動倉庫機能　*12*

自動物流システム機能　*12*

資本回転率　*1*

ジャスト・イン・タイム　*14, 24*

順序管理　*49, 57*

少人化　*36*

自律的　*30*

進度管理　*57*

スローン　*1*

生産計画　*29*

生産指示変更　*19*

生産能力　*48*

生産の流れ化　*24*

生産リードタイム　*40, 57*

生産連結度　*25, 57*

セット置き場　*55*

セット引き取り　*53*

設備設計の原則　54

総量規制　52, 57

外段取り　33

【た行】

タイムフォイズ　8

大量生産　7

多回運搬　38

タクト生産化　46

タブレット　51

ダンゴ生産　31

段取り替え　33

造りすぎ　22

手持ち　22

動作経済の原則　47

トヨタ生産方式　14

トレーナー教育　27

【な行】

Ⅱ類　26

納期管理　3

能力所要量計画　9

【は行】

バトンタッチゾーン　46

汎用機　18, 54

標準手持ち　35

品質管理　3

品質不良　48

不良　22

フルワークシステム　31

平準化生産　24, 30

【ま行】

マスタースケジュール　9

水すまし　39

ムダ　15, 20, 22

目で見る管理　32, 48

【や行】

嫁入りライン　55

【ら行】

ラインタクト　24

ラインバランスロス　44

リードタイム　6, 23

リーン生産方式　15

量　22

レイアウト　48

労働強化　22

労働密度　22

ロットサイズ　12

ロット見込みタイプ　11

【わ行】

ワッペン　51

割り符　52

割符　30

■著者紹介

熊澤　光正（くまざわ　みつまさ）

1954 年　名古屋市に生まれる
1979 年　名古屋工業大学大学院経営工学専攻修士課程修了
同　　年　名古屋工業大学助手
1989 年　四日市大学専任講師
1990 年　工学博士（名古屋工業大学）
1997 年　四日市大学助教授
2007 年　四日市大学准教授
2013 年　四日市大学教授　現在に至る

主な著書
『トヨタ生産方式の創始者 大野耐一の記録』三恵社，（2011）
『作業姿勢と自覚疲労 ― トヨタ生産方式は自覚疲労を高めるか』大学教育出版，（2012）
『データ解析のための「R」入門』工学社，（2012）
『生産期間課題とトヨタ生産方式』大学教育出版，（2012）
『熊澤光正著作集選(1)作業姿勢と疲労・作業能率・職場意識の研究』ココデ出版，（2012）
『熊澤光正著作集選(2)生産期間とジャスト・イン・タイムの研究』ココデ出版，（2013）
『トヨタ生産方式大全』大学教育出版，（2013）
『時系列三次元動作分析』ココデ出版，（2014）
『ワークサンプリングとインターバルタイムスタディ』三恵社，（2014）
『作業の不公平感の原因と対策』三恵社，（2014）
『トヨタ生産方式教科書』三恵社，（2014）
『復刻 トヨタ生産方式マニュアル・実践写真集』三恵社，（2014）
『大野耐一の本社工場おけるかんばん方式事例集』三恵社，（2014）など

トヨタ生産方式の異業種展開の実践
― 挑戦・理念・手法・実際 ―

2015 年 5 月 15 日　初版第 1 刷発行

■著　　者──熊澤光正
■発 行 者──佐藤　守
■発 行 所──株式会社 大学教育出版
　　　　　　　〒 700-0953　岡山市南区西市 855-4
　　　　　　　電話 (086) 244-1268 代　FAX (086) 246-0294
■印刷製本──サンコー印刷㈱
■Ｄ Ｔ Ｐ──北村雅子

© Mitsumasa Kumazawa 2015, Printed in Japan
検印省略　　落丁・乱丁本はお取り替えいたします。
本書のコピー・スキャン・デジタル化等の無断複製は著作権法上での例外を除き禁じられています。本書を代行業者等の第三者に依頼してスキャンやデジタル化することは，たとえ個人や家庭内での利用でも著作権法違反です。

ISBN978-4-86429-329-7

■著者紹介

熊澤　光正（くまざわ　みつまさ）

1954 年　名古屋市に生まれる
1979 年　名古屋工業大学大学院経営工学専攻修士課程修了
同　年　名古屋工業大学助手
1989 年　四日市大学専任講師
1990 年　工学博士（名古屋工業大学）
1997 年　四日市大学助教授
2007 年　四日市大学准教授
2013 年　四日市大学教授　現在に至る

主な著書

『トヨタ生産方式の創始者 大野耐一の記録』三恵社，（2011）
『作業姿勢と自覚疲労 ― トヨタ生産方式は自覚疲労を高めるか』大学教育出版，（2012）
『データ解析のための「R」入門』工学社，（2012）
『生産期間課題とトヨタ生産方式』大学教育出版，（2012）
『熊澤光正著作集選(1)作業姿勢と疲労・作業能率・職場意識の研究』ココデ出版，（2012）
『熊澤光正著作集選(2)生産期間とジャスト・イン・タイムの研究』ココデ出版，（2013）
『トヨタ生産方式大全』大学教育出版，（2013）
『時系列三次元動作分析』ココデ出版，（2014）
『ワークサンプリングとインターバルタイムスタディ』三恵社，（2014）
『作業の不公平感の原因と対策』三恵社，（2014）
『トヨタ生産方式教科書』三恵社，（2014）
『復刻 トヨタ生産方式マニュアル・実践写真集』三恵社，（2014）
『大野耐一の本社工場おけるかんばん方式事例集』三恵社，（2014）など

トヨタ生産方式の異業種展開の実践
― 挑戦・理念・手法・実際 ―

2015 年 5 月 15 日　初版第 1 刷発行

■著　　　者——熊澤光正
■発 行 者——佐藤　守
■発 行 所——株式会社**大学教育出版**
　　　　　　　〒700-0953　岡山市南区西市 855-4
　　　　　　　電話(086)244-1268㈹　FAX(086)246-0294
■印刷製本——サンコー印刷㈱
■Ｄ Ｔ Ｐ——北村雅子

© Mitsumasa Kumazawa 2015, Printed in Japan
検印省略　　落丁・乱丁本はお取り替えいたします。
本書のコピー・スキャン・デジタル化等の無断複製は著作権法上での例外を除き禁じられています。本書を代行業者等の第三者に依頼してスキャンやデジタル化することは、たとえ個人や家庭内での利用でも著作権法違反です。

ISBN978-4-86429-329-7